JN323684

宮本常一

# 飢餓からの脱出

——生業の発展と分化

宮本常一

# 飢餓からの脱出

## ――生業の発展と分化

宮本常一［著］
田村善次郎［編］

八坂書房

# 『飢餓からの脱出』正誤表

本書に以下の誤りがありました。お詫びして訂正いたします。

135〜137 頁　鴨部の分布（表）のうち 137 頁 4 行目

誤：「美作国　勝田郡　賀茂
　　　　　　苫東郡　賀茂
　　すなわち二九郷をかぞえるのであるが、………」

↓

正：「美作国　勝田郡　賀茂

| | | | |
|---|---|---|---|
| 美作国 | 勝田郡 | 賀茂 | |
| | 苫東郡 | 賀茂 | |
| 備前国 | 赤坂郡 | | 鴨神社 |
| | 津高郡 | 賀茂 | 鴨神社 |
| | 児島郡 | | 鴨神社 |
| 安芸国 | 賀茂郡 | 賀茂 | |
| | 山県郡 | 賀茂 | |
| 淡路国 | 津名郡 | 賀茂 | 賀茂神社 |
| 阿波国 | 美馬郡 | | 鴨神社 |
| | 名東郡 | 賀茂 | |
| 讃岐国 | 寒川郡 | 鴨部 | |
| | 阿野郡 | 鴨部 | 鴨神社 |
| 伊予国 | 新居郡 | 賀茂 | |
| | 越智郡 | 鴨部 | |
| 土佐国 | 土佐郡 | 鴨部 | |
| | 幡多郡 | | 鴨神社 |

すなわち二九郷をかぞえるのであるが、………」

# 目次

写真提供　周防大島文化交流センター

# 飢餓からの脱出

# 一　飢餓からの脱出

人間の歴史は飢餓からの脱出の歴史であったといっていい。人間はその長い年月の間たえず飢餓におそわれ、死に直面しながら生きのびて来た。そして飢餓との戦はまだ終っていないし、人類の存在するかぎり飢餓はたえずしのび寄って来るものであろうが、それにしても飢餓から脱出することが如何にむずかしいことであったか。

食物をたくわえることを知らない動物は飢餓におそわれる機会はきわめて多い。そして一つの地域に食うものがなくなれば、食物のある他の地域に移動せざるを得なくなる。食物をもとめて、多くの動物は移動したが、人もまた移動したのである。

しかし移動したさきに食物のないことも少なくなかったであろう。そのため死においやられることも少なくなかったはずである。日本で人骨のととのった形で発掘されたもっとも古い時代のものは平坂人であろうという。横須賀市平坂貝塚で発掘されたもので、手足をひろげ横死したかのような姿勢であったという。この貝塚は縄文初期のもので、したがってその人骨もその頃のものと見られるが、鈴木尚博士の観察によれば、「この人骨は、思春期前に少くとも数回に亘って骨発育を一時停止せしめるごとき重症を経過し、その第一回は乳幼児の頃であったろう。……この人骨の骨発育は良く、格別な変形もないので、差当り、飢饉の如き生活困難による栄養失調が最も問題になるのではないか。」という。（八幡一郎『日本史の黎明』有斐閣　昭和二十八年）

私はこの文章をよんだとき心をうたれたのである。最後は空腹のために横死したであろうと思われる一人の男が、その生存中にも、数回にわたる飢餓におそわれているのである。しかもついに飢餓からのがれ得なかった。

この一人の男にかぎらず、それから後今日まで生きついで来たものの中でその生涯のうち飢饉を知らずしてすごすことのできた者がどれほどあったであろうか。

飢餓からの脱出のために、食料確保の方法を考え、作物の育成を工夫し、これを災害から守り、また交易によって有無を通じた歴史が人間の歴史であった。

平坂人は作物耕作のすべは知らなかったようである。海辺をあるいて魚介をひろい、時には野獣をとってその肉をたべたようである。前記の書物によると「平坂人の下顎歯列に見られる三個の過耗部ははなはだ興味がある。後歯の特殊な過耗の成因は単に固く粗雑な食物の破砕のみに帰することは困難で、歯冠及び歯根の舌側磨耗を考えるとき、むしろ口腔に含める靭軟にして粗雑な物質をかみ、又は上下歯列に強圧しつつ、口腔外に引き出すが如き行為が考え易い。たとえば強靭な獣皮や肉を剝離し、細裂する以外に、皮を鞣すのに歯がしばしば用いられることはエスキモーに徴して明らかなことで、私はこれに類似の行為が平坂貝塚人の特殊な過耗を生じたのではないかと考える」とある。獣肉を食い、その獣の皮をかんでなめすということは大へんな作業であっただろうが、当時としてはそれ以外になめす方法はなかったのであろう。

生きるためのすべての行為が一人の人間の手でおこなわれ、自分自身のいのちを守るために、自分の持っている能力のすべてが動員されなければならなかった。にもかかわらずたえずその生命がおびやかされなければならなかったのは、食物貯蔵の方法がすすまず、また食物確保に十分の計画性をもたなかったことにあった。

食うものがいつも身近にあったわけではなく、生きるために人はそれをもとめてあるかなければならぬことが多かった。たとえば木々の実はいつも樹の枝にあったわけではない。そのみのり熟するときはほんのわずかである。野獣もまたいつもおなじところにいたわけではない。同様に魚すらほぼ時を定めて来たりまた去るものが多かった。ただ貝のようなものが一つところに繁殖したから、これをとって常食にするものも見られたわけである。それすらが煮てたべたと思われる痕跡をのこすものはまれで、多くは生のままたべたもののようであった。そしてその貝すらたくわえるというようなことはなかった。だから貝のいる近くに住居をもとめたのである。そのことは貝塚の分布を見ればわかることで、貝塚のあるところは渚のすぐ上の台上縁のようなところであった。渚におりて貝をとり、住居にもちかえってそれをたべ、家の背後にそれを捨てたもののようであった。

もし貝がいなくなれば餓死するか、または貝のいる別のところをさがしもとめて移動しなければならなかったであろう。そして人びとはただ生きるために食を求めてあるいているというにすぎなかったと考える。

それがしかも一般野獣と異るところは、住居をもち、火をもっていたことであったといっていい。その火すらが初めは夜のあかりをとり、また暖をとる程度のものではなかっただろうか。しかも人間発生以来、そうした日がきわめて長かったと思われるのである。

もっとひろく火の利用を考えて煮ることを工夫するようになったのは土器を作り出すことに成功してからであったと思う。煮てたべることの発見と工夫は植物性のものを食料として、より多く摂取するにいたったためと思われる。肉類ならば生でもたべられるし、焼いてもたべられる。あえて煮なくてもすむ。肉食を主とするものにとっては煮ることはそれほど必要ではなく、食物を焼く段階で長くとどまっていたであろう。

ところが日本では非常に古く土器をもった。縄文早期の土器は炭素側定によると一万年近い昔にさかのぼるという。植物性の食物は生ならば固いが、煮るとやわらかくなる性質をもっているものが多い。穀物の大半がそれであり、根菜の中にもそうしたものが多い。それればかりでなく味がずっとよくなる。そんなことから植物性食物を煮てたべる風習が非常に早く発達していったものであろう。縄文の早期から前期へかけての時代はそういう時代であったと思う。

日本では土器を持つことによって新石器時代に入っている。しかも石器の方は無土器時代の様式をとどめたものが実に多いのである。

植物性食物をはやくからたべていながら食料貯蔵の具体的な方法が工夫されなかったのは四季折々の果物などが比較的豊富であったためではないかと思う。大分県国東半島に早水台《そうずだい》という縄文早期の遺跡がある。これは面積一ヘクタール以上にものぼる大きな遺跡である。すぐ下に別府湾の海水面があるのだが貝塚をともなっていない。当時は別府湾の水がずっと後退していたと思うが、それにしても海がそれほど遠かったとは思わない。にもかかわらず、貝塚をともなっていないということは、その食料の多くが陸にあるものであったと考えられる。それも野獣ではなく、植物性のものが多かったのではなかろうか。日本では野獣のみをとって生活できることはむずかしかったのではないかと考える。野獣のあそぶ雑草地も広かったことは考えられるが、むしろジャングルの方が広かったであろう。ジャングルに住む野獣の種類はそれほど多くない。サル・シカ・イノシシなどのたぐいである。植物の方なら、タブ・シイ・ヤマモモ・ナシ・モモ・カキなどいろいろのものがあったし、そのほか、根や茎葉でたべられるものも多い。そういうものはそれぞれ熟期またはたべるに適した時期がちがっているから、食うのに適する時期にそこへいってたべ、たべてしまうと次の食物のある場所へと移動するというような生活がいとなまれていたものであろう。それでは食物の一ばん少ない冬の期間は何をたべたであろうかというように、そうした時期に貝のいるところならば貝をとってたべたであろうと考える。貝はいつでもいるものであるが、いつもとってたべたのではなく冬が多かったのではなかったか。これは今日の貝掘りの季節から考えて見てのことで、夏貝を掘ることは少なく、冬から春へかけて貝掘りがおこなわれている。

それでは貝のないところでは何を多くたべたであろうか。野獣のようなものが冬多くとられたのではなかったか。狩もまた冬多くおこない、夏季おこなうことは日本ではほとんど見かけない。夏でもおこなうのは魚をとることである。この方は夏とっても魚肉をくさらせることがほとんどない。天日に乾してかため、腐敗をふせぐことができ、日乾ししたものでも歯で容易にかみきることができる。

早水台のようなところでは冬何をとってたべたかはなおよくわからないが、冬の間たべることのできるものが、この半島の丘陵の上に存在していたであろう。そして冬になると、各地へ幾組にもわかれて出ていっていたものが早水台にかえってそこで大ぜいで暮らし、春になると食物をもとめて出てゆくような生活を久しい間いとなみつづけていたものであろう。それがまた一ばん簡便なくらしのたて方でもあった。

もとよりこれらのことは私の推定の域を出ない。それが事実であることを実証するためには多くの手つづきが必要であるが、今日東南アジアおよび太平洋西部の島々の未開民の間にはそうした生活のたて方が一般におこなわれていることによって推定して見るのである。

そしてその生活は決して安定していたものではなかった。食物をもとめて放浪した先でも食料を得られないというようなことは少なくなかったであろう。平坂人の人骨がそれを物語っていると思う。そうしたきびしさの中で生きのびたものが何人かあり、それが子孫をのこしていったのであろう。

## 二　家族生活の発達

このようにただ食うためにのみ生きている時代に文化の蓄積はほとんどなされなかったであろうが、そうした中で土器をつくる技術をもったということは大きな進歩であった。しかもそういう土器が今日から見れば型も一定しており、焼き方も粗雑であってこわれやすい。この土器をもって移動するとしても数多く持ってゆくことはできなかったであろうし、移動さきで土器をつくるにしても、土器をつくるに必要な土がなければならぬ。おのずから移動の範囲が制限され、また定住の期間が長くなっていったことが想定できる。

人は一ヵ所にとどまることによっていろいろの文化の蓄積をもつようになる。まず第一に住居建造の技術を発達させる。今日から見ればそれはきわめて幼稚なものであったとしても、そこには力学的にも構造的にも非常に合理性をもっていたと思うのである。私はそうした住居建造の古い技術の名残を草葺屋根に見ることができるように思う。草葺の屋根にサス（扠首）造りというのがある。二本の柱の上にわたした棟木にサスとよぶ丸太を斜にたてて棟で結び、これに横木をわたし、さらに垂木をならべて屋根を葺く。いたって簡単な方法で、近頃各地に竪穴式住居の復原がなされているのはたいていこのサス造りの方法である。中には静岡県登呂遺跡の住居のように、中に柱をたてて桁と梁をわたし、それにサスをのせかけて屋根をふいたのもあるが、これはかなり進んだ屋根の葺き方で、今日残存する民家の屋根には、登呂以前の方法で葺いたものも少なからず見られる。このようなサス屋根は、その屋根の部分には大工が関与しないのが普通であった。大工は梁から下の仕事をする。そしてそこまですますと、それから上は村人の仕事になる。村人たちは大工道具は持たない。そこで丸太をきって来て、その一端を斧で削ってとがらせ、梁にも斧でくぼみをつけ、そこに丸太をさして、横で組むのでサスといったのかもわからないが、サスをたて横木をわたし、垂木をつけるのもすべて村人たちの仕事なのである。おそらくそれは柱や壁を持つ家の出現する以前からの技術であっただろうが、それには釘一本もつかわず、鋸すら必要としないでつくられるものなのであり、そこに何人かの共同の力があればつくられるものであった。木があり、蔓草があり、カヤがあれば事たりる。ただカヤ

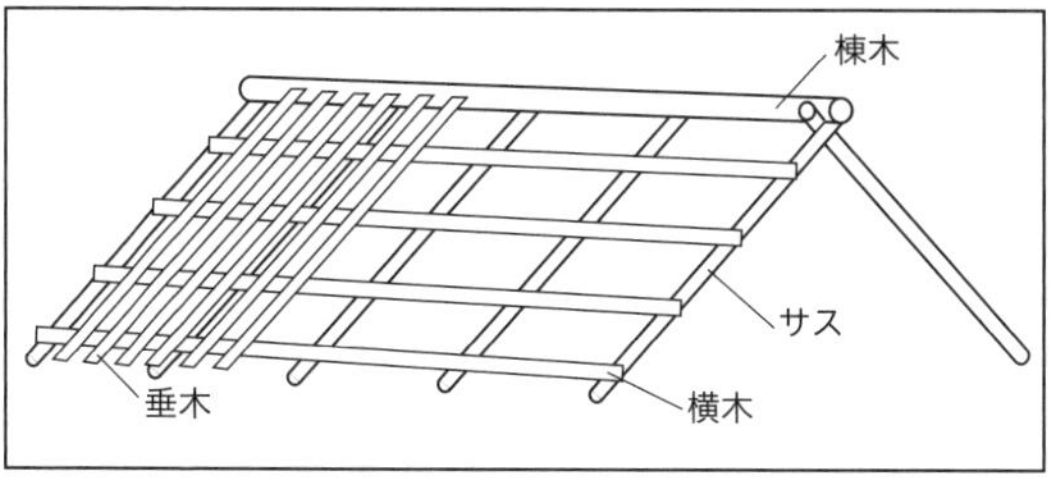

サス造り

を刈るための鎌のようなものをどのようにして手に入れたかが問題になる。あるいはカヤ草以外の木の皮のようなものが用いられたかもわからないが、とにかく、木を用いてサスをくむ技術さえあれば、屋根をおおう材料はいくらでもあったであろう。

そのことが竪穴式の住居を比較的古い時代からこの国の全土に発達させたのではなかったかと考える。人を定住させるにいたった動機にはこの簡単な住居建築の技術の工夫のなされたことを見のがしてはならないばかりでなく、それが家族生活の発達をうながしたであろう。しかも雨露をしのぐことのできる構造的な住居を工夫したのは縄文人など世界諸民族の中ではもっとも早い部に属するのではないかと思う。

家をもって家族がそこに一しょに住むということはそれなりに重要な意味をもつ。少しずつ文化が蓄積され、またそれが子孫によって継承されてゆくようになるからである。

ある行為がくりかえされておこなわれ固定化して習俗になってゆくには長い歳月を要するものである。たとえば年中行事のようなものをとりあげて見ても、正月は一年に一回しかない。これを千回くりかえすためには千年を要するのである。一つの行為が習俗として定着するためには少なくとも五百回、千回のくりかえしがなされなければならぬ。縄文時代とよばれる時代はそのくりかえしの久しくつづいた、しかも気の遠くなるように長い期間であった。およそ一万年近いまえからはじまって、二千年あまりまえまで、八千年近くもつづいていたのである。その間大して外からの刺戟をうけず、封鎖された島の中でおなじような生活が年々くりかえされて来たとするならば、そこにおのずから容易にかえがたい人間の生き方のきまりが生れたであろうと思う。

カヤ屋根のサス造りの技術などどうしてそこにかわらぬものをのこしたかというに、われわれの持つ文化というものは、それが根底からくつがえされることもあるけれども、多くの場合、古いものはそのままにしつつ、新しいものをそれにつけ加えるという方法で発達していくものだから、その当初からの材料を用いてものをつくる場合には古い技術はそのまま持ちつたえられることが少なくない。そして、梁や天井から下の住居の技術は大陸文化の影響をうけてから、どんどん発達していったけれども、天井から上の技術は屋根が瓦葺でないかぎり、もとのままの技術がのこったのであろう。

文化というものは封鎖された社会、他から影響をうけることの少ない社会では容易に発展しないものだし、またその生活が一応自己完結している場合にもすすまなくなる。南方のバナナ栽培地帯の文化などはそういうものではないかと思う。バナナの品種改良には力がそそがれたであろうが、一たん良質のバナナが得られることになると、手で皮をむいてかんたんにその実をたべることができ火を必要とすることはない。飲みものもヤシの実などとってその果汁をすすればよいということになると火が生活の中でしめる位置はきわめて低くなる。火の利用についての工夫も努力もほとんどなされなくなるであろう。

日本という島の上での生活は一応自己完結的なものがあり、自己の周囲にあるものをとってたべるだけでいのちをつなぐことができた。ただ植物性の食物を食うということによって早くから煮るという技

術を工夫発見した。そしてそれだけでも生きてゆけたのである

そういう生活の中で、どのような文化の蓄積がなされたであろうか。それはきわめてささやかなことであったと思うが、主として衣食住に関するものであったと思われる。たとえば土器の様式が少しずつかわってゆくことなど、それはただこのみによってそうなったものであるか、そういうようにすることによって利用するのに便利になっていったのかということが検討されなければならないが、おそらく様式の変遷は生活の要求にもとずくものが多かったと見られるのである。それは土器以外の出土品が次第に多種多様になっていくことからも推定される。はじめは礫器程度のものしかつかわれていなかったものが、骨を利用した鏃や骨針・釣針のようなものも出土するようになり、さらに耳かざりなども出土するようになる。地域的な差の上に時代的な変遷などを重ねて見ると、生活や生産用品が少しずつ複雑になっていったことがわかるが、それは同時に食物の入手量をふやすための手段が多くなっていったことを示すものである。

たとえば海辺に居住するものは、はじめは貝をとってたべることが多かったわけだが、釣針によって魚を釣り、銛で突き、時には網を用いて魚を一挙に大量にとることをも工夫するにいたっている。また内陸にあっては鏃などが残存するところから、弓矢による狩がおこなわれたこともわかるわけであって、それらはすべて食料獲得手段が拡大されてゆく過程を物語るものである。

このように食料獲得手段を物語る用具のほかに石皿のようなものも関東地方では次第にふえて来る。

これは食物の調整に用いられたものであることは言うまでもない。石皿が石臼や木臼など立臼の前形式であるとするならば、立臼の利用を通して石皿の利用も推定されて来る。立臼は穀物を精白にする以外に、つきつぶすのにも用いる。植物性食物のうち、つきつぶさねばならぬものはきわめて多かった。ワラビ・クズのように根の澱粉を利用するものから、サトイモのようなものも、そのはじめはえぐいもので、そのままではたべられず、つきつぶしてえぐ味をとってたべたものではないかと思われる。サトイモが今日のようにほとんどえぐ味をともなわなくなったのは新しいことで、明治時代まではその皮をむいてさえ手がかゆくてたまらぬことをうったえる人は多かった。そしてそのえぐ味をぬいたのは品種改良の功績であったが、そのようなイモの出現まで、人は調理に際してえぐ味をぬくことを工夫したのである。

トチの実やドングリもそのままではたべられないほどのしぶ味をもっている。つきくだいて殻をとり、さらにその実もつきつぶしたものであろう。

このように、その住居の周囲に加工すればいくらでもたべられるようなもののあることの発見が、人を次第に一定のところに長い時間滞在させていったばかりでなく、食物加工の手段をも身につけていったものと思われる。もとより年間通じて一ヵ所に住んだのではなく、四季に応じて移動をしつつも、根じろになる村が存在したということは生活を大きく安定することになる。しかもその住居が人間の手によってつくられるということは洞窟居住とちがって自分たちの意志にしたがって、つくることができるのであるから、その生活にあわせる工夫がなされたであろう。

そしてある一定の歳月そこに住んでいても人口がふえるとか、食物を得にくくなると、そこを捨てなければならなくなることも多い。多くの遺跡が一つの時代をすぎると、それで終ってしまうとか、おなじ遺跡の中にも土器などに中間断絶の見られるのも、ある時期そこに人の住まなくなったことのあるのを物語る。

しかも縄文遺跡が弥生式遺跡にまでつながることが少ないのは、縄文時代の生活のたて方と、弥生式時代のそれとはかわっており、新しい生産生活様式が発達するにつれて、その居住地区をかえたものがきわめて多かったことを物語るものではないかと思う、

いずれにしても人は食物のより豊富なところをもとめて移動をつづけた日が長かったのである。

## 三　焼畑農耕へ

それでは日本において農耕のおこったのはいつ頃であろうかということが問題になる。世界における農耕はオリエントの、いまのイラン地方でおこったと言われている。そこでおこったオオムギ・コムギ・

キビなどの栽培技術が次第に周辺地区へひろがっていったということになっている。しかしこれらは乾燥地におこった農耕であって、その地帯は土質もよく、連作も可能であったから、肥料もほとんどつかわない。定畑農耕が発達したのであるが、東南アジアや太平洋地域のモンスーン地帯では、オリエントとは別個な農耕法がおこったと見られないだろうか。焼畑がこれである。焼畑はその分布を見ると実に広い地域にわたっている。今日もまだ石器をつかっているようなニューギニア高地においても焼畑は見られる。そしてそれはインドネシア・フィリピンなどにも分布しているから、あるいは東南アジアから伝播していったのかもわからないけれど、焼畑のみがやや前進的な農村から、後進未開へ伝播して何千年を経たなどとは考えられず、むしろ、そのはじめから焼畑農耕技術をもちつつ、文化的には長い停滞をつづけて来たのではなかろうか。

日本においても、焼畑農耕の起源はきわめて古かったのではなかろうか。このことについて注目したのは藤森栄一氏であった〔『縄文農耕』藤森栄一　学生社　昭和四十五年〕。長野県八ヶ岳山麓の縄文中期の遺跡や遺物をつぶさに観察し、そこに狩猟用具の出土の少ないことと、打製石斧、石皿・凹石などがたくさん出るところから焼畑を考えたのであるが、私はそのことにきわめてつよい興をおぼえる。それにはいろいろの理由があげられる。

その一つはわれわれはある一定の場所に住むにあたって、害獣や害虫の被害はどのようにしてさけたであろうかということである。マラリア蚊の多い地中海沿岸ではこれをさけるために、できるだけ丘の上に住んだといわれる。それは日本においても同様であった。縄文遺跡の多くが台上にあるのはそれを物語るものと思う。湿潤な地帯にはカ・ノミ・ハエ・アブ・ブヨなどをはじめ多くの害虫の発生を見る。そしてわれわれはそれに苦しめられつづけて来たのである。そのほか野獣も多い。そういうものの被害から身を守るためには、家の周囲に木の茂らぬ空間をつくることが何よりも大切なことであった。おそらく台地の上を火をつけて焼き、その一角に住居を定めるという方法がとられたのではなかったか。焼き払うとそのあたりには数年間は害虫は比較的少なくなる。焼畑は土を焼くことによって土を肥やしたのであるが、同時に害虫駆除がその大きな目的の一つであった。そして農耕すると否とにかかわらず、火をかけて焼けば害虫を駆除されるということになれば、人がそこにあらたに居住しようとする場合にも、まず草木を焼き払うことはあっていい。

東南アジアからインドネシアへかけては火山も多く、土はかならずしも肥えてはいない。酸性でしかも養分は流亡しやすい。しかし湿潤で太陽光線がゆたかだから木はよく茂る。農耕をおこなうには肥料の補給と害虫駆除が必要になる。その両方をみたすものとして焼畑が生れて来る。

だが焼畑以前に居住を定めるための山焼、野焼がおこなわれたとすると、焼かれたあとに生えて来るものはその前の植生とはかならずしも一致しない。別のものがはえて来ることが多い。日本だけの例を見ると、そこに茶の木がはえて来ることもあればカヤ草が茂って来ることもある。クズやワラビがはびこることもある。それらの中には食料となり得るものが少なくない。焼畑は焼畑になるまえに居住選定、さらに自然採取のための野焼や山焼が先行したのではないかと思われる。そしてその中から焼畑耕作が生れて来る。食料になるものをそこに植えたのである。打製石斧が、柄をつけて鍬として利用されたことは今日のニューギニアの石器の利用法などからもうかがわれる。しかも焼畑の場合は耕地全面をうちおこすようなことはほとんどない。植穴を掘るだけに用いる。植穴だけなら、突棒で地面に穴をあけてもよい。焼畑にサトイモを植えるようなときは突棒を多く利用する。

火を用いて野を焼き山を焼くということはその生活圏を拡大していく手段として湿潤地帯ではもっとも必要なことであった。かつて日本人がフィリピンのダヴァオ付近に広大なマニラアサの畑をひらいたことがあった。このアサ畑開墾に成功したのは山焼きであった。まず原始林に火をつけて焼いたのである。そして焼けた立木の中にアサの植えつけをはじめ、焼け木を徐々にとりのぞいていったのである。伐採のみによる開墾ならばこれほどの成功をおさめなかったであろう。※

このような開墾法はその地方に住むモロ族の方法にならったものだといわれている。モロ族は焼畑農耕技術を持つ種族である。この事実を通して日本の縄文文化を見てゆこうとすることには多くの危険があるとしても、そのような開墾定住の方法が東南アジア、太平洋の未開社会にのこされているとすれば十分考慮に入れなければならないことで、定住ということは与えられた環境にどのように順応するかということからはじまるのであって環境にそぐわない技術や文化は容易に発達定着しないものである。

ところで日本における焼畑耕作は縄文人の工夫によって発達したものであるか、あるいは日本以外の地からの伝来であるか明らかでない。日本でおこって周囲へ波及していったか、他で発達して日本へ流入して来たか、そういうことは今後の研究の課題であろうが、私の勝手な想像からすれば朝鮮半島に存在した焼畑技術が伝来して来たものではないかと思う。朝鮮半島には早くから焼畑がおこなわれており、とくに北鮮において盛んであり、そこではヒエが多くつくられていた。いつごろそのような耕作が発達したか明らかではないが、オリエントの農耕技術の伝播によるものではなさそうなことは栽培作物の品種がちがっていることで推定される。あるいはその発生地は東南アジアの高地で、そこから各地へひろがっていったものかもわからない。

いずれにしても東南アジアから太平洋の島々の原始的な文化をもち、西欧の高度文明を大してうけ入れていない民族の間にこの農耕技術がおこなわれていることは、その技術発生がオリエントとは別の動機によるものと考えざるを得ない。そして日本や朝鮮はその北限にあたっているのであって、順序としては南から北への伝播があったと見てよいのではなかろうか。

この場合、海上交通機関としての船が問題になる。丸本船をつくることはかなり高い技術であった。それを縄文中期の頃にはたして持ち得たかということになるが、むしろ筏のようなものが利用されていたのではなかったか。筏はこれを結んでいる綱をとけばばらばらになって形をのこさない。しかし近距離の渡航ならばこのようなものも利用され朝鮮海峡をこえるくらいの渡航技術は早く発達していたのではなかったか。その筏船がいまも対馬にのこっている。対馬の筏船はスギの丸太をならべ、これに貫きを通してとめたものだが、蔓草のようなもので結びあわせてもよい。このような筏船は朝鮮半島の西南部にものこっている。おそらく大陸と日本列島を結んだ往来に大きな役割をはたしたのはこの筏船であったかと思われる。それは刳船よりももっと素朴な海の脚である。

海によって封鎖された世界であったと言っても完全に封鎖されていたのではなく、航海に成功すれば両者の文化交流は十分可能であったと見ていい。

そして一方では内部においてきわめて徐々にではあるが文化の蓄積があり、山焼・野焼の習俗も持っていたとすれば焼畑農耕への移行はそれほどむずかしいものではなく、焼畑農耕をおこなうようになったのは縄文の中期頃からではなかったかと考える。それを物語るものは土器の模様形態の複雑化である。そのはじめは単純なものであり、実用的であった。中期になって模様の複雑化して来るのは実用化のためではない。むしろ儀礼化のためであった。神に祈り、神の加護をたのむ思想のつよくなって来るのは農耕がおこってからである。オリエントでもメキシコでもペルーでも大きな神殿の出現は農耕がおこなわれるようになってからである。

そこにあるものをとってたべるのではなく、たべるものを育成することになると、その生活はかなり計画的なものになり、行きあたりばったりではなく、多くの願望をともなったものになって来る。それらの願望は何らかの形で表現されることになる。縄文中期の土器は人間の願望の複雑切実になって来たことを物語るものであろう。しかもその模様の中には蛇をかたどったものがいくつかある。日本の土器には動物模様がきわめて少ないのであるが蛇はよく見かける。蛇の信仰が縄文期も今日も根底においてかわっていないとするならば、蛇は今日では水の神として尊崇されている。水の神はまた農耕をつかさどる神でもある。

さらにまた女性的な土偶が出現する。女性は生殖を祈るためのものというよりも穀物を生産するものとして尊ばれたのである。いわゆる地母神と考えられるのである。

縄文中期における農耕の存在を強調せずとも、狩猟が生命を保持する重要な生業ではなくなっていることは土器を通じて見るとき、そこに野獣その他の動物を表現したものがきわめて少ないことに疑問を持たざるを得なくなる。そういうことからしても、植物性食物への依存、ひいてその栽培への移行が考えられて来る。

次に焼畑の素朴な農耕がおこったとして、それにともなう食物貯蔵の技術もおこってよいはずである。そしてそのような遺跡や遺物もわずかではあるが、今日発見されている。たとえば長野県曾利遺跡ではコッペパンに似た炭水化物が出ており、岡山県山陽町南方前池遺跡ではドングリを貯蔵した穴が発見されている。食物を貯蔵し加工したことはこれらの遺跡遺物で知ることができるが、穀類の発見はまだなされていない。しかし、それらのものがないからと言って農耕のおこなわれたことを否定するわけにはいかない。仮に焼畑で耕種されていたものが今日の焼畑作物とほぼおなじようなものであったとすると、ヒエ・ソバ・アズキ・ダイコン・カブラなどで、いずれも後世にのこりにくいようなものばかりである。

焼畑の作物は乾燥地で栽培された作物とはそのはじめははっきりした差があった。両者が並行しておこなわれるようになって、作物の混淆も見られるにいたったが、基本的には焼畑と定畑でつくるものには差が見られる。

このようにして食料確保の技術方法は徐々にすすみながらもその生命はたえずおびやかされている。長い間居住していた村が突然居住者がいなくなってしまうことも少なくなかった。多くの貝塚がそれを物語ってくれる。そしてやがてその住居址が土の中に埋もれてしまうか、逆に雨水などに流されてしまったものも少なくなかったであろう。そこに住むすべての人が死にたえたとは思えない。どこかへ移動していったと見られる場合が多い。新しい世界、食物のゆたかな世界をもとめての旅である。それは年々くりかえされる回帰的移動とはくらべものにならぬほど大きな移動であった。

## 四　縄文文化の流動性

飢えるということはいたましいことである。それは人間を絶望的にしてしまう。しかもわれわれの過去の生活の中ではくりかえされつづけて来たのである。日本人が一応飢えから解放されたのは昭和三十年以降であった。それまで多くの民衆が飢えにさらされた年は、東北地方ならば三年に一回は見られたのである。そのほかの地方でも一〇年に一回は空腹に苦しまねばならぬような年があった。国の内を部分的に見れば、風損や洪水によって、どこかに食うに困る人びとがいた。考えて見ると飢餓とその克服の歴史は長かった。

なぜそうなっていったのか。新しい食料確保の技術が発達すると、生活安定が見られ、生活が安定すると人がふえ、人がふえると飢饉がおそってくる。縄文早期の住居址の広さを見ると中には六〇平方メートルもある大きなものも見かけるが、一〇平方メートルから三〇平方メートルくらいの間で三人から一〇人くらいの人数がそこに住んでいたと見られる。しかも三―四人というところがもっとも多かったようであるから、夫婦に子供一人二人くらい持った家族が多かったのではないかと思われる。が、中には一〇―二〇人同居したものもあって一定していないが、多数家族の家が、血縁によってしめられていたか否かは明らかでない。

少数の家族で形成された家が永続したであるか否かはあきらかでない。むしろ家の寿命というものはきわめてみじかいものではなかったかと思う。養子制度も何もなかったとしたら、飢餓にさらされるたびに死にたえることが少なくなかったはずである。徳川時代さえ、僻地にあっては四人以下の家族はしばしば容易に死にたえており、同じ土地で二〇〇年以上つづいた家は現存戸数の一割にみたないのが普通である。

死にたえた住居のあとに入って住みついたものも少なくなかったであろう。それが家族数がふえることによって家の生命力も安定して来るけれども、村の中心をなす多数家族の家をのぞいては、家はきわめてはかないもので、二―三代もつづくようなものは少なかったであろう。家の大きさがそのことを物語っている。

焼畑農耕がおこったといっても焼畑の生産物に食料のすべてを依存したことはなかった。それは後世の焼畑村についても言えることである。焼畑村にかぎらず、定畑村について見ても、農耕生産物にたよる以外に、自然採取物にたよることは大きく、戦前にあっては食料の四〇％をそういうものにたよる村は少なくなかった。ましてワラビ根などを主食物にした村では、農耕食物にたよる部分は一〇％にもみたなかったのであって、原始的食物採取の時代はつい最近までつづいていたという事実を見のがしてはならないとともに、自然採取生活の中には原始の生活法がなお残存していたと見て差支えないのではないかと思う。ちょうど古い住居の様式が天井裏に原始の家をのせているように、古いものが古い生活のたて方の中に意識せずしてのこっていくのである。

そしてそういう村々の家の中には家族数のきわめて少ないものが見られたのである。私の知っているかぎりでは瀬戸内海の島々ではサツマイモの伝来までは一世帯あたりの家族数は四人程度のものが多かったし、広島県山中や新潟地方の古い記録を見てもやはり一世帯五人以下の家族が多かったのである。

上代には一般に大家族であったといわれるものは大家族になるような条件のあったところにそれが見

られたのであって、すべてがそうなったのではあるまい。

私の言ってみたいのは時代区分によって世の中の様子が一変するのではなくて、古い生活をのこす社会には古い習俗がそのままのこる要素が多かっただろうということである。しかも縄文人はその定住のはじめにおいて少数家族制を主としたものであり、そのような伝統は縄文時代の生活の伝統をつたえているところでは長くつづいて来たのではないかという推定をもっている。

なぜ私がこのようなことにこだわっているかというと、日本は祖先崇拝の国だといいながら、辺地へゆくと、自分の家がそこに住みついて何代になるか、自分の先祖は何といったか、あるいはまたどこから来たかということを知っている者が意外なほど少ないからである。家系とか先祖の観念の少ないものには、家族としての観念もとぼしい。家族生活といってもそれが家族本位の生活であったか否かは明らかでない。むしろ生産単位としての家がそこにあり、生産能力を失うと解体していく場合が少なくなかったのではないかと考える。そしてそれは時代をさかのぼればさかのぼるほど、家が生産単位としての比重をましていると考える。

家の大きさに差のあることからしても原始共産体というようなことは考えられないのであって、共同体は形成してても共産体ではなかったし、その中に統率者の存在していたことも明らかである。統率者のあることによって群は一つの安定を見たのであろうが、群の人口がふえていったような場合に、その群の生命維持がむずかしくなれば分村するか、または脱落者を出さざるを得ない。多くの場合脱落者を群外にはじき出すことによって群の安定が見られたのではないかと思う。

　このような想定はたとえば猿の群の中から一匹猿が出てゆくように疎外され落伍してゆくものが小さな社会の中には少なからず見られることによる。知らぬ間に脱落しているものである。時には一村の大半が脱落していくようなこともある。山村ではしばしばそういう実例を見る。そしてそういうことは今にはじまったものではなかったであろう。そのような推定は古い遺跡の中についてもなされるのである。貝塚遺跡の中には保美・吉胡・国府・津雲・大島※などのように死体を埋葬したものが少なくないが、埋葬されたものが居住人口のすべてではなかったようで、それ以外になお多くの埋葬されざる死者のあったことが想定される。そういう人たちが村でどういう位置をしめていたか、またその死体はどこでどのように処理されたものであるかも考えて見なければならない。

　貝塚遺跡の中にはこのように埋葬地をともなったものもあるが、それをともなわないものもある。するると遺跡や遺物のあるかぎり、そこに村があったと考えていいのか、移動生活途中の小屋の所在地ではなかったかということも考えて見なければならない。

　とくに焼畑農耕のおこなわれるようになったところでは夏村と冬村にわかれる場合が少なくない。朝鮮半島の火田民のように移動をつづけているものもあるけれども、日本における焼畑の慣行は夏は山に移動してそこで焼畑をおこない、冬になると母村へかえって来るものが多く、石川県から福井県へかけての白山周辺の村々の焼畑はそういうものであったし、大和吉野奥の焼畑慣行にもそれが見られた。そしてそれは古くさかのぼればさかのぼるほどそのような傾向がつよくなっていく。つまり定畑の発達によって定住性がより高まってゆくのであるが、こうした移動の過程の中で脱落者は出やすかった。脱落はかならずしも落伍とはきまっていない。群からはなれ得るような条件があるとはなれてゆく。山中の一軒家がどうしておこったかは、そこで生活のたつ条件があったからであろう。

日本には縄文の遺跡が実に多い。それは弥生式の遺跡をはるかにこえるものである。それでは縄文時代の方が人口が多く、弥生式時代には人口は減ったのかということになると、そうではなかったであろう。一つには縄文文化の時代は長かった。また一つの遺跡における居住持続年のきわめてみじかいと見られるものが多いことがこれを物語るものである。つまり耕作移動によるか、定住してもやがて絶滅を余儀なくされたような例がきわめて多かったためであろう。

しかもそのような状態が長い間くりかえされて、現在にまでおよんでいるものがあるとするならば、そのような生き方は一つの民族的文化として存在することにはならないであろうか。

非常にまわりくどい言い方をして来たのだけれども、縄文文化の時代はきわめて流動性がつよく、その次に来る稲作を中心にした弥生式の定住性の高い文化の中でもなお、稲作に主力をおかない社会ではこの流動性を失わなかったのではないかと推定するのである。しかもその流動性は背後に飢餓の不安を背負っていることによって生れたものであった。

このような推定はこれからの論をすすめていく上に私にとっては一つの重要な視点になるからである。

日本はさきにものべたように島であるために一つの封鎖された社会であり、異民族の征服によって文化の主体性を根底からくつがえされるようなことはほとんどなかった国である。したがって部分的には大陸および西欧文化の影響をつよくうけて来たけれどもそれによって文化が本質的に変化していったとは考えられない。

それにもかかわらず、強い流動性をもっていたのは、島であることによって一つの完結した社会であり、その限られたものの中で問題も発展し、また解決しなければならなかった。そのことによって島全体を一つの解決の場としたのである。

そのことはたとえば稲作の発展の中にも見られる。稲作が二二〇〇年ほど前に日本へ渡来してそれほど遠くない時代に、それが関東・東北にまでおよんでいることでもうなづける。下北半島宿野辺の縄文後期遺跡では土器の破片にモミの圧痕のあるものを二つも出している。この伝播スピードの早さはいったい何によるものであろうか。縄文村落の文化が封鎖的でなく、きわめて流動的であったことを物語るものではなかったであろうか。

そしてそのような流動性のゆえに一方でおこった文化は他へも伝播しやすかったし、村自体にも固定化する要素がとぼしかった。稲作農耕が固定化の道をすすめはしたが、国全体の民衆が固定化してしまったわけではなかった。

## 五　畑作の年中行事

さて焼畑文化がどういうものであったかは、焼畑が今もおこなわれている地帯を中心にしてこの綿密な調査が必要になって来る。焼畑が最近まで盛んにおこなわれていたのは中部地方の白山を中心にした一帯、四国の中央部、九州山脈中の宮崎・熊本の県境付近である。もとよりそこにある文化は焼畑以外の要素も多分に含まれていると思われるが、そこにある生活は定畑作や水田作とはかなりかわったものであった。とくに焼畑経営の生活をかなり綿密にかいている「寺川郷談」をよむとそこには信仰というよりは呪術的な要素が非常に多くなっている。狩猟とか焼畑にともなう行事は呪術的であることが一つの特色であった。と同時に年中行事もずっと少なくなる。これは山小屋での生活が多く、そういう生活の中では行事は簡略化されるのが普通である。予祝や収穫にともなう祭はあるにしてもそれ以外は時に呪術的な行事がなされる程度である。いま「寺川郷談」に見えた主要行事をあげて見ると次のようである。

•正月。門松もたてず、餅つかず、稗団子ですます。元旦のまだ暗いうちに名元が庄屋の家へ内明《うちあけ》とて家内のこらずつれて祝儀にゆく、太布袋《たふ》に小豆二升入れてもってゆく。このとき女の方が上座にすわる。この小豆袋はかえるときには持ってかえる。

・三月。ひなあそびなし。他屋という山小屋へ耕作に出かける。そして山をやく。

・四月末麦ほめをする。春には食物乏しくクズ・ワラビ・ホド〔ホドイモ〕・トコロ・コビホガ〔芍薬の根〕などをとっていのちをつなぐ。

・五月、菖蒲を頭にさしはさみ、帯にむすぶ。

・六月から十月まで盆さえ盆らしい行事はない。

・十一月には他屋からかえって神楽がおこなわれる。そして年の瀬をむかえることになる。

以上のようにもともと焼畑地帯の年中行事はいたって簡単であった。

そういう生産生活の中では強烈な太陽崇拝はまだおこって来なかった。オリエントにおけるような太陽を祈るための神殿は生れて来なかった。それよりも害虫や害獣の被害をさけることの方がより重要な行事であった。それはその次に発達したであろうと思われる定畑耕作についても共通して見られることである。

そこで、焼畑および定畑耕作にともなった儀礼と思われるものを『歳時習俗語彙』〔柳田国男、民間伝承の会、昭和十四年〕の中からひろっていって見ると次のようになる。

・サンボイモ　正月の飾りもの。親芋と子芋のつながったものを神にそなえる。熊本県飽託郡。

・ウラジロ　正月注連かざりに裏白をつける。京都付近から西に多い。
・門松　正月にたてる。門松をたてることは稲作とは直接関係はない。むしろ山地、畑地帯におこった行事であろう。
・ニュウギ　正月のたきぎとしてとって来たもの、一二本の線をひいたり、十二月という文字をかいたものもある。全国の山村に多く見かける。ワカキ・イワイギなどともいっている。
・木キリゾメ　一月二日、山へ薪とりぞめにいく。コリゾメ・ヤマゾメ・ハツヤマイリ・ワカヤマフミなどいろいろにいわれており、全国にわたる。
・ノサカケ　正月八日、または十一日。藁でつくったノサに餅をつけて山の神にそなえる。カラスヨビともいっている。東北六県に多い。
・ムイカドシ　一月六日、麦飯をくう。節分も同様なことがおこなわれる。九州地方。
・ナナクサガユ　一月七日。七草は土地によってその種類がちがうが、畑作物か果実である。全国にわたる。
・マメトシコシ　節分。節分には麦飯をたべるとともに、大豆をまく日にもなっている。また豆をやいて年占をするところも多い。全国にわたる。

ニュウギ
（浜松市さくま郷土遺産保存館蔵）

・ムシノクチヤキ　節分または小正月の行事、害虫駆除のまじないである。カノクチヤキ、ヘビムカジなどともいい、主として畑作の害虫駆除のまじない。全国にわたる。

・ケズリバナ　正月十五日、木をけずって花のようにしたもので、稲の花と見るところもあるが、アイヌ・オロッコなどの間にも見られ、稲作からの発想ではなかろう。中部山地ではホダレといっているが「粟よかれ、田よかれ、稗よかれ」ととなえごとをしている例からしても、穂の出るものすべてをさしていたと思われ、宮崎県のホダラギは果樹の農産を祝う呪棒である。

・アワボヒエボ　小正月、割竹のさきを曲げ、それにヌルデのようなものを三―四寸にきって、皮つきのまま挿し、神棚や入口などにかざってある。中部以東に多い。

・ホガホガ　小正月の夕方、ダイズの皮・ソバの殻・酒の糟・豆腐粕を器に入れて家のまわりをまいてあるく。秋田・青森。

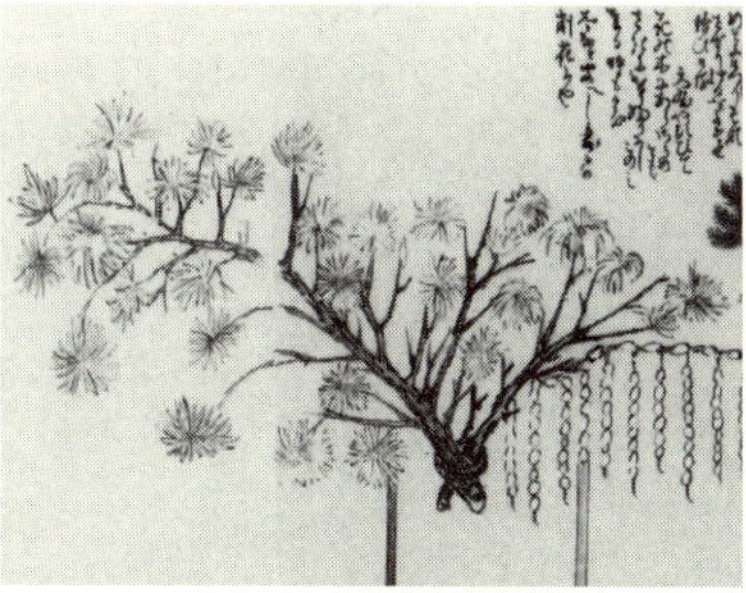

ケズリバナ（『真澄遊覧記』より）

マメトシコシ（『案内者』より）

・ナリイワイ　正月十五日。果樹の幹を斧できずつけて豊作のまじないをする。キゼメ、ナリキゼメともいい、全国にわたる。

・トリオイ　小正月。害鳥を追う行事で稲作にも関係するが、畑作も含まれている。

・モグラオイ　小正月。ナマコまたは槌を縄でくくり、畑の中をひいてあるく行事はほぼ全国にわたっている。

・アワカリ　小正月。アワの予祝行事、東北および中部山中に見られる。

・事八日　二月と十二月の八日に、栃木芳賀郡では夕食にソバをたべ、神奈川県津久井郡では麦飯をたく。愛知県では人形おくりをするが小麦の包みをおともの人形に背負わせる。

・ムギホメゼック　三月三日、畠に出て麦のできをほめる。福岡宗像。日はちがうが高知県寺川にもあり、ムギホメといっている。山口県や広島県の僻地ではムギホメを正月二十日に行っていた。

・ヤマイサミ　四月八日、高い山にのぼる習俗が各地にある。

・ムケゼック　六月一日、岩手・新潟地方ではこの日桑畑に入らぬ。またコムギやヤマイモをたべるところが多い。日はきまらぬが、このころコムギ団子をたべるところは多い。六月十五日がだいたい中心になっており、ムギの収穫祭だったようだ。

・ボン　七月十五日、関東地方から西はナスとキュウリを盆棚にそなえる風習がひろい。

・メイゲツ　八月十五日、関東以西では月にサトイモをそなえるところが多い。イモメイゲツともいう。

・クリゼック　九月九日。クリ飯をたべる。近畿から関東にかけて見られる。

・マメメイゲツ　九月十三日、枝豆を月にそなえるところが多いが、コムギの予祝もおこなわれている。

・アブラシメ　十一月十五日。油をしぼる日とされている。

・ダイコクサマノトシヤ　十二月九日、二又大根をそなえる。東北各地。

以上ごくあらましを見て来たのであるが、農耕儀礼のうちおよそ半分は稲作以外のものがしめており、稲作国家というけれども、農耕が稲作のみによっていたものでなかったことを物語る。

さてこれらの畑作儀礼のうち、焼畑に属するものがどれほどあるかということになるとアワボ・ヒエボや虫の口焼きの行事などごくわずかになる。収穫祭にしてもヒエ・ソバのような焼畑作物については目立つものはほとんど見られない。すなわち儀礼的なものはきわめて少なかったことが考えられるのである。

なお岡正雄氏は稲作以前にタロイモ栽培が盛んにおこなわれていたのではないかということを強く主張して来た。このことについて、私は今までずいぶん気をつけて見て来た。八月十五日のイモ名月はたしかにこの日がサトイモの収穫祭であったことを物語るものであると思う。そしてその頃から秋へかけての祭にサトイモをたべるところはきわめて多いし、これを常食の一部にしていた地帯も、私の知るかぎりでは九州・四国の背梁山脈中の村々、大和吉野地方の山中、三河から遠江へかけての山中にある。そしてこれらの村々は焼畑をおこなっているところが多いのであるが、サトイモそのものは焼畑でつくっているわけではなく、むしろ家のまわりの定畑で多くつくられているのである。そして、これが焼畑の作物としてつたえられたものであるか否かは明らかではない。土地によってはタイモなどといっているところもあるから、水田耕作地の利用された場合もあり、稲作以前からあったとしても、湿地を利用して作付されることが多かったであろう。そしてこれが重要な作物であったとしても、これのみをたべていたとは考えられない。が作物が次第に複雑になって来たことは事実であろう。

ただ、こういうものが、最初から日本に野生していたか、あるいは渡来して来たものかはあきらかでないが、トイモ・ズイキなどといわれるものは大陸からわたって来たものであろう。サトイモの研究家丸木長雄氏によるとサトイモの種類は七〇種近くもあるという。サツマイモやジャガイモなどよりははるかに種類が多いようで、種類の多さから考えると栽培の歴史が古いということにもなって来る。そして氏によるとトイモ・タイモ・サトイモ・ミズイモ・ズイキ・キヌカズキ・コイモ・オヤイモ・ヤツガシラ・トサイモなどは一つのイモにつけられた地域名ではなく、すべて種類がちがうのだという。その多様性は地域栽培の途中から変化を生じたものか、品種改良によるものか、あるいは伝来系統の異るものであるかは明らかでないが、この種類が物語るように、かつて大きな関心をもたれた作物であることだけは事実である。

焼畑とサトイモとの関係はかならずしもあきらかでないが、焼畑地帯にサトイモの併存することも前記のように事実である。そして鹿児島県屋久島南岸は明治中頃までは水田がなく、焼畑を主としていたが、その一部にサトイモを多くつくっていた。屋久島から南の島々にも焼畑をおこなっていた例は多い。このような焼畑は北から来たものか、南から来たものか明らかではないが、島に住みついていることによって海洋民族であったと思われ、南方では海洋民族も焼畑をおこなっていたと見られる。

いずれにしても焼畑については周囲民族の調査が進んでいるから、その成果が大きく期待できるとともに、日本における農耕の歴史をあきらかにすることのできる日もそれほど遠くはないと思う。

## 六　農耕と工技

つぎに定畑耕作と水田耕作といずれが早く日本に伝来したであろうか。シナでは農耕起源が夏殷の時代にさかのぼるものであることは言うまでもないが、そこに作られたものはアワ・キビ・ムギなどでいずれも乾燥地帯の作物であった。それが周の時代になると、稷(高粱)、秬・秠(黍)、穈芑(粟)、麦、稲などもつくられている。粟は禾・粱などの字があてられ、豆は菽と書かれている。また麻も多くつくられ、その実を食用にした。

シナではじめ五穀といったのは麦・大豆・高粱・麻・黍（礼記月令）をさしていたようであり、史記天官書でも麦・高粱・黍・大豆・麻を五穀としているから、いずれも畑作物であったことがわかる。そして六穀または七穀ということになると稲がはいるのであって、北支にあって稲の栽培は畑作物よりはすこしおくれると見られる。

もとよりこうした作物のつくられはじめた前後関係はあきらかでないが、麦がオリエントから伝わって来たこと、稲が南方から伝わって来たらしいことは想像できるのである。

さて五穀の中に稗ははいっていない。日本で重要な食物であった蕎麦もはいっていない。こういうのは定畑ではつくらなかったものと考えられるのである。

それから高粱や黍などはシナでは在来の作物ではなかったかと思う。高粱は味がよくないが多量にとれ、賤者は高粱のみをたべたといい、豊作の年には賤者も黍をたべたという。このように北支全般について見るときは、畑作がおもにおこなわれており、それがいつ頃からはじまったかはまだ十分に明らかではないが、周の時代までは全面的におこなわれていたと見ていい。

このような畑作が朝鮮半島にまで分布していたかどうか。もし朝鮮半島にまでおよんでおれば、九州にも伝わっていたであろうことが想像されるのである。そしてキビ〔吉備〕の国やアワ〔阿波・安房〕の国をも成立せしめたのではないかと思われるが、稲作のまえに畑作があったか否かはなお検討の余地が多い。そして、稲作との関係から考えて見ても、稲作のあとから畑作技術が伝来したとは考えられない。畑作の場合はかならずしも鉄器を必要としないが、稲作を推進していったのは鉄器の伝来にあると思う。今日弥生式遺跡から出土する木製農具のほとんどは鉄器を利用してつくられている。しかし、畑作が焼畑を定畑化した程度のものならば、石器を利用した鍬や、植棒だけでも耕作はできる。

しかも定畑はそのはじめはきわめて小規模なものであったと思われる。なぜなら作物を野獣の被害から守るためには、どうしても柵のようなものを必要としたに違いないからである。これは焼畑の場合も同様であるが、定畑は住居の周囲におのずから開かれるものであり、そこにつくられる作物は食物としては質のよいムギ、アワ、キビ、ダイズのようなものであったと思われる。

畑作が稲作と併行して、あるいはそれ以前から存在していたと思われるのは、瀬戸内海地方で弥生式遺跡が高地に存在するものが少なくないことからそういう推定をなりたたせる。これは稲作技術をもったものが、わざわざ稲作をすてて高地へ住んだとは考えられない。そして畑作のみでも生活のたつ農耕民があったと見ていいのではなかろうか。しかも穂をつんだと考えられる片刃の石鎌ならば、縄文期にはすでに存在していたのだから。

したがって畑作は水田作と並行して、あるいはそれよりも、古くおこなわれるようになり、山地あるいは丘陵地に居住する人びとすなわち縄文文化人たちの間に発達したものではなかろうか。

ただ日本における山間農耕民は畑作を専業としたのではなく余業を持つものが多かったと見られる。

つまり焼畑農耕民の中に定畑農耕が漸次定着していったと考えるのである。しかも焼畑民は狩猟をもおこなっていたと見られるが、いっぽう弥生文化時代から古墳文化期へかけて、大陸から渡って来たものの多くも畑作技術をもっていたのではないかと思う。このことについては『町のなりたち』（《日本民衆史五》未来社　昭和四十三年）の中にも関東の例について書いた。大陸から来た人の多くは関東平野西寄りの台地の上におかれたのである。

そのほかには大和・河内・近江などにも多くおかれたが、近江の場合には山地に住んだものが多かったようである。そのことについては『山に生きる人びと』（《日本民衆史二》未来社　昭和三十九年）の中でもふれたが、今すこしくわしく「木地師の習俗」第一※にのせられた橋本鉄男氏のレポートによって見てゆこう。

橋本氏によると近江の湖東から伊吹の山麓をあるいていると、ハトサンという言葉を耳にするという。山人を意味するものであるが、橋本氏は秦《はた》氏と関係があるだろうと言っている。奈良正倉院文書および平安初期へかけての古文書を見ると愛知《えち》郡関係三〇余通のうち、秦君・秦公・秦前・秦人・秦忌寸などの名を一二六人も見出すという。この地方は早くから秦氏の住んだところであった。その秦氏の住んだところに畑の地名が多いのである。神崎郡の君ヶ畑・蛭谷・箕川・政所・黄和田（木畑）・九居瀬を小椋荘の六ヶ畑といい、犬上郡には大君《おじ》ヶ畑・脇ヶ畑、坂田郡には榑ヶ畑が、東浅井郡には高畑がある。そのほかにも畑の地名は多いのだが、「近江輿地志畧」の犬上郡を見ると、「藤瀬村　樽崎村の東にある村なり。畑なり」というようにしるされた村が二三ヵ村もある。畑ありというのではなく、畑なりとしるされているのは畑のみあって水田のない村と思われる。そしてその畑作地帯が秦氏の居住地帯であったらしい。秦氏は養蚕・紡織に従事した民族であり織機をハタとよぶのも秦と関連すると見られるが、そうした中にろくろ技術の使用者もいたのではないか、と橋本氏はうたがっている。そしてハトさんというハトはハタヒトのなまったものであろうという。

この推定は多くの暗示をもっている。そして、秦氏ばかりでなく朝鮮半島から来たものの中には、畑作技術をもったものが多かったと見ていいのではなかろうか。砂鉄精錬の技術をもったものも、また半島からわたって来たと見られるが、それらの多くは中国地方の山中に住んだようで、砂鉄をとるばかりでなく、畑をひらいて蚕を飼うものも多かった。

広島県三次《みよし》を中心にしては三千をこえる古墳があり、そこから東、美作《みまさか》のあたりまでの中国山中にはおびただしい古墳を見かける。したがって非常に早くこの地方に古墳をつくり得るほどの人びとがたくさん住みついたことを知るのであるが、その古墳を先祖の墓としてまつっているものが広島県神石郡豊松村付近には少なくない。古い名田の名主の家である。

ところで、それらの旧家の多くは、水田の中に住居を持つことなく、畑の中に持っている。だから稲の収穫時には低いところから高いところへ稲束などをかつぎあげなければならない。日本の多くの民家は水田のそばにたてられている。しかし、この地方は水田のそばに家を持っているものはあたらしく住みついたものである。畑の中に家があるということは、はじめ畑作をおこない、後に低地へ水田をひらくようになったと見てよいのではなかろうか。

ところで、私が畑作農耕にこだわるのは、稲作の場合には稲作技術をもったものが海の彼方から大量にわたって来たとは思わないのだが、畑作の場合は、在来の焼畑民とは別に、大陸からの渡来者によって大いに発展したのではないかと考えるからである。それは単に畑作の技術だけを持って来たのではなく、いままでのべて来たように、畑に桑をうえて養蚕や紡織をおこなうとか、木地屋をおこなうとか、鉄を精錬するとか、畑作以外の技術を身につけているものが多かったのではないかと考えるからである。

農耕以外のわれわれの生活を急速に進歩させたのは大陸から人びとが移動して来たからであった。高度な技術は技術のみが伝来することは少なく、人がこれにともなっている場合が多い。もとより技術習得のためにこちらから出向いてゆくということもあったであろうし、また彼方からまねくということもあったであろう。「日本書紀」以下の文献にはしばしばこれを見ることができる。わずかばかりの技術者の往来で、それがやがて国全体のものになってゆくことも十分考えられるのであるが、文献によるかぎりではそのようにしてとり入れられた技術が基層社会にまで浸透してゆくのは容易ではなく、多くの場合は上層社会にとどまっている。しかし、畑作および畑作にともなって入って来たであろうと思われる木工・製鉄・機織のような技術は基層社会にもふかく入りこんでいる。しかもそれを裏付けるように、日本人の頭型が西日本においては大陸からのつよい影響をうけていると見られるのである。

大陸から渡来の人びとは朝鮮半島を経由して来たものが大半であったと推定されるが、そこには文献にあらわれない渡来が、文献に見えるものの何倍・何十倍にのぼっていたものであろう。すると両者の間にはもっと多くの共通点があってよいと言うことになる。しかし民衆生活の中に存在した土器や石器のようなものでも、それほどつよい対応性は見出せないという。これらのことについては半島の今後の調査研究にまたなければならないのであるが、両者似ているというだけで、こまかな比較研究はまだ進んでいない。

いずれにしても畑作が大陸から伝来したものであろうことは、作物の種類、農耕法などからも推定され、しかも稲作よりまえ、あるいは併行して渡来して来たものであろう。

## 七　稲作と村

稲作技術の渡来は日本の民衆生活を大きくかえはじめる。稲作文化の特色は人を一定の場所にくぎづけし、またその生産形態を単純化することである。稲作の早く発達した低地帯では稲作以外の生産はほとんどなりたたなくなる。山に木を伐ることも海に魚をとることも。しかも稲作をおこなうために人びとは低湿の地に住んだのである。今日まで発見された弥生式文化の大きな遺跡は多く低湿地にある。大きな弥生式遺跡としてわれわれの眼を最初に見ひらかせたのは奈良県唐古池の遺跡である。それは奈良平野の真中を南北に縦貫する国道二四号線の改修にあたって、路面かさ上げの土を唐古池にもとめたことから発見されたもので、そこが如何に低湿地であったかということがわかるとともに、この村は洪水によって土砂の下にうずもれたまま消えたものであった。

静岡市南方の登呂遺跡も平野の真中にあり、富士川の氾濫によって潰滅したもののようである。おなじく伊豆山木の遺跡なども、山がそばにあるけれども洪水に押しながされた木器が大半であるところから見てもそれが低湿地にあったものと見ていい。

大分県丹生川遺跡も丹生川谷の湿田の底にあった。そしてそこには登呂などとおなじような矢板をうちこんだ水田地が発見されているのである。

滋賀県大中遺跡のごときは大中内湖の底から出て来たもので、まったくの低湿地であり、そういうところから弥生中期の住居址や水田址が発掘されたのである。しかもその遺跡は二〇万平方米余におよぶものである。そのような低平地に村をつくり、水田をひらいた場合、稲作以外の生業はほとんど考えられない。大中遺跡からは若干の石鏃やまた貝塚もともなっているので、狩もおこない、シジミ貝をとってたべたことはわかるが、それは生業というほどのものでなかったと思われる。

遺跡の示すところから言えば稲作はまったく低湿地の沼のほとりのようなところにおこったと見て差

支えない。そしてそういうところで、稲をつくるだけの生活をたてるほど米は魅力あり、また生活を安定させるものをもっていた。それはおなじ農耕にしても焼畑とはおよそ異質なものであった。

しかもその稲作が南から東へ急速にひろがっていった。そして洪水の危険にさらされながらもあえて低湿地に居住をうつし、また水田をひらいていったのも、食物としてこれほど魅力あるものがなかったからであろうし、また水さえあれば育つもので作りやすかったと言っていい。その上脱穀調整もヒエ・アワ・キビ・ソバ・ムギなどに比してはるかに楽であった。

その上稲をつくることによって作業も生活もいちじるしく単純化した。単純化の中から斉一性が生れて来る。日を定めて行事をおこなうことも、また大ぜいで同一の作業をおこなうことも可能になる。むしろそういうことで能率をあげることができる。稲作がはじまってから今日までほぼ二〇〇〇年と見ても、稲作は二〇〇〇回しかおこなっていないことになる。それにもかかわらず、畑作に比して技術がいちじるしく進んで来たのは作業も行事も日を定めて大ぜいがおこなうことによって、それぞれほぼ平等に技術を高めることができたからであると思う。

しかも稲作をおこなうためには水田に水をたたえる設備もしなければならず、時には水田に水をひいて来る工夫もしなければならない。そういうことから一たん水田をひらくと、人びとはそのほとりに定住して、他に移動することがむずかしくなる。にもかかわらず、稲をつくるだけでは生活をたてることができない。生活に必要な物資は、これを購入しなければならない。鉄器や農具や薪のようなものは、別に生産するものから入手することが多くなる。すなわち稲作のみをおこなっておればどうしても交易を必要とすることになる。それによって単純な生産をカバーすることができる。

稲作はそのはじめは低湿な沼地におこされたものであるが、ついで湧水の多い谷間なども水田としてひらかれるようになったと思われる。そういうところは山麓に多い。つまり低湿地から山麓へと漸次のびていったものであると思う。

生活が安定すれば必然的に人口はふえて来る。周囲が水田としてひらきつくされている場合には、さらにその外側の水の多いところを開拓することになる。それは山麓の谷口のようなところになる。そういうところでは水田一本ではなく、それ以前から畑作をおこなっていた人たちならば畑作をも同時におこない、水田地区から来ての開拓ならば水田を主としておこなったかと思われる。日本の各地をあるいていると、畑作と稲作を並行しておこなっているところがある。水田の上の傾斜面が畑になっている。中国地方に多く見られるタイプであり、九州地方にも少なくない。ところが水田のみつくって、水田の上に畑をひらいてもよいような緩傾斜があっても、畑をひらいていないところがある。東北や北陸などにそういう村が多い。前者の場合は畑作をおこなっていたものが漸次水田耕作をもおこなうようになったのであり、後者の方は水田耕作民の拡大によるものと見てよいのではなかろうか。

いずれにしても水田耕作の発展は目ざましいものがあった。それはやがて統一国家を生み出して来たことからでも察せられる。自然採取・焼畑・狩猟の段階では国家を形成する力はなかった。第一に生産余力の蓄積が政府を形成するほどのものにならなかった。しかし水田農耕がすすむにつれて、農耕民以外をやしなう余力をもって来たのである。自分の生産力で他をやしなう力のない間は人びとはただそれぞれの地で、それぞれ小さなグループをつくって思い思いに生きてゆくよりほかに方法がないが、食物の生産が自分および自分以外の者をやしなうだけの余力をもって来ると、はじめて交易らしい交易もおこり、また余分の食料の集積によってまつりごとをおこなうものを養う力も持って来る。

農耕民にとってまつりをおこなうことは重要であった。災害から作物を守り、また人命をまもるために、人びとは神をまつる。神をまつるにはまつるための準備や物忌みもおこなわねばならぬ。それを一人一人がおこなうことになれば、農耕にしたがう時間はわずかになる。そこで誰かを代表として神をまつるようにさせる。それには霊力のあるものがえらばれなければならない。行事は日を定めておこなわれるのだから、その日に神をまつるものが代表して人民にかわって祈ればよい。

祭祀を主とした王朝の成立して来たのはそのような事情からであったと思われる。しかも、そのような国ははじめは規模の小さいものであったと思われる。一つの川の流域、一つの盆地といった程度のものであった。そこはほぼ相似た生産の条件を持っていたのである。相似た条件の中では相似た行事がおこなわれることになる。そこでは労力の交換やたすけあいも見られたであろう。あるいは開墾に適した一つの地域的な単位であったかもわからない。

古い弥生式住居の遺跡を見ると、集村をなしているものが多い。農民たちは一ヵ所にあつまって住み、そのまわりに水田がひらけている。静岡県登呂や奈良県唐古など相似たような村落形式を持っており、福岡県夜臼は村のまわりに堀をめぐらしている。

水田耕作民が一つ場所にあつまって住んだのは、水田が共同開墾されたためではないかと思われる。個人開墾ならば思い思いに水田のほとりに家をたててもよいはずであるが、共同開墾ならばみんなで力をあわせてひらき、ひらいた後分配する方法がとられたはずで、耕地はどこを割りあてられるかもまえもってわかるものではない。そこで居住地を一ヵ所に定めておいて割りあてられた耕地を耕すのもいいし、水田の中にかたまって住めば、外敵をふせぐにも都合がよい。今日条里田ののこっている地帯の農村が、讃岐平野をのぞいては、ほとんど集村をなしているのは右のような事情によるものであろうが、それは条里制以前からそうした傾向が見られたものであろう。そしてそのような村がいくつかあつまって国が形成されたものであろう。

ところで当時の村は、その村が今日の多くの平地の村のように吹きさらしの中にあったのではなく、越中平野や加賀平野のように森にかこまれたものもあったかと考えるが、村の外側に水田のひろがっていたことは想定できる。

それにしても生産も労働も大へん単純化された村がそこに生れ出たと思われる。生産はほとんど稲作にかぎられ、他のものは金銭で購入することができなければ、労力を代償として手に入れたであろう。他のものといえば米以外の食物、衣料、たきぎなどみな他人のもつものをゆずりうけなければならぬ。

そうでない場合は山地へ材料をもとめにゆかなければならない。山地に近い平野の村ならばそういうところでもとめることができるであろう。が、山地の村に比すると生活のたて方はずいぶん違っていたと思われる。そして基本的には自分の食料をみたしてあまりあるほどの米をつくり、その米によって、米以外の必要とするものを手に入れる方法を考えたのではなかろうか。そのような蓄積が、水田農耕の中には存在していた。そして水田が整理されて、いわゆる条里田のつくられたときにはすでに六〇万町歩に近い水田がひらかれていたのである。

その頃には日本がかなり広域にわたって統一された国になっていたのであるが、そのような統一を可能にしたのも水田稲作という単純な生産様式が国の中にひろがっていたためである。

## 八　稲作国家の成立

稲作がこの島国にみるみるうちにひろがっていったのについてはいろいろの理由があった。第一に低湿地や湧水地の広かったことから水田をひらくにも適していた。第二に春夏の頃雨が多く作付に適していた。しかし初秋の頃しばしば台風がおそうところから台風のよく来る地帯では開田もややおくれたのではないかと思われる。

それは日本が島国でありながら、稲作始原時代の文化の発達したところをみると、海岸地方よりもむしろ山間盆地地方が多いことで推定されるのである。大和・山城・近江などはそのよい例であり、中国地方なども山中に古墳のおびただしい分布を見ている。北九州はおそらく稲作のおこったのは近畿地方よりも古かったと推定されるにもかかわらず、また大陸も近くて文化の取入れ口であったにもかかわらず、そこが日本の政治の中心にならなかったことは十分考えて見てよい問題がそこにひそんでいると思う。

すなわち稲のつくりやすいところ、収穫の安定しているところに稲作は発達し、またそうしたところに生活の安定もあったのだと思う。

元来野生の稲は実がきわめてこぼれやすかったようである。野生でなくても、江戸時代の終頃までの品種には実のこぼれやすいものが多かった。千葉県できいた話であるが、霞が浦地方にはカツサコボレという稲がごく最近までつくられていたという。この稲は初夏の頃霞が浦が増水して、何日間も冠水するようなことがあってもくさったり枯れたりすることは少なく、すぐのびて葉が水の上に出て来たものであるという。

そのことで思い出されるのはメコンデルタ地帯でつくられている浮稲である。浮稲は水をかぶってもすぐ水面上に葉を出して来て、時には茎が二メートルをこえるまでになるという。低湿地に生れた品種であり、原種的な稲であるといわれるが、カツサコボレなどもこれに近い性質をもっている。カツサコボレは収穫量は決して多くはなく、一反に精々一石にたらぬ程度のものであったが、手のかからぬ稲であった。何故なら深水地につくられるので水がふかければ雑草の茂ることが少なく、草とりなどする必要がなかったからである。しかし実はじつにこぼれやすかった。

このささやかな一つの事例をもって推定することはむずかしいのであるが、稲にかぎらず野生の禾本科植物は実のこぼれやすいことを特色とする。それだけに秋の台風の被害も大きかったに違いないから、台風を多少ともさけやすいようなところに稲がつくられたであろうと思う。そして稲作のおこったころにはとくに風がおそれられたであろうと思われることは、大和盆地から大阪平野へ生駒山脈を横切って流れ出る大和川が、ちょうど生駒山脈にくい入ろうとしている竜田に風の神としての竜田神社のまつられていることがそのことを暗示する。大和盆地へのつよい風は大和川渓谷を通って吹きこんで来ることが多かったからであろう。その風をふせぐために風の神をまつっており、しかも竜田の社は国家としても丁重にまつった重要な社であった。

もとより海岸に近い低湿地に稲のつくられたことは多くの遺跡がこれを証明するのであるが、収穫の安定度が低く、また収穫量も少ないとすれば、そこにより高い文化の展開はむずかしくなる。なぜなら食料の蓄積が進まねば多くの人口をかかえることができないからである。

それにしても稲作は畑作に比すれば作物の収穫量はずっと高いものであったと思われる。しかも稲作をできるだけ安定させるためにはこれを阻害するような条件をとりのぞかなければならなかった。風の神をまつり、水の神をまつり、時には雨を降らせる神をもまつらなければならない。農耕にあたっては神のまつりは重要な行事であるが、稲をつくっているかぎり、そのまつりの仕方はほぼ共通していたと思われる。

いま『延喜式』に見えた農作の豊饒を祈る祝詞について見ると、まず祈年祭がある。そのことばの中に「奥つ御年を、手肱《たなひじ》に水沫《みなわ》かきたり、向股《むかもも》に泥《ひじ》かき寄せて、取り作らむ奥つ御年を、八束稲の茂《いか》し穂に、皇神等《すめがみたち》のよさしまつらば、初穂をば、千穎《ちかい》八百穎に奉りおきて、瓱《みか》の上《へ》に高知り、瓱の腹満《み》てならべて、汁にも穎《かい》にもたたえごとおえ奉《まつ》らむ。大野の原に生《お》ふるものは、甘菜・辛菜、青海の原にすむものは、鰭《はた》の広物・鰭の狭物、奥つ藻葉・辺つ藻葉にいたるまでに、御服《みそ》は明るたえ、照るたえ、和《にぎ》たえ、荒たえ、たたえごとおえ奉らむ」とあって、稲作、野菜、漁猟・織物の豊饒など祈られているが畑作物は出てこない。〔書き下しは『古事記　祝詞』日本古典文学大系一（昭和三十三年　岩波書店）による。〕

そのほか豊作の豊饒を祈る祭としては、広瀬大忌祭、竜田風神祭、大殿祭などがあり、豊作を祝っての大嘗祭・神嘗祭などがある。

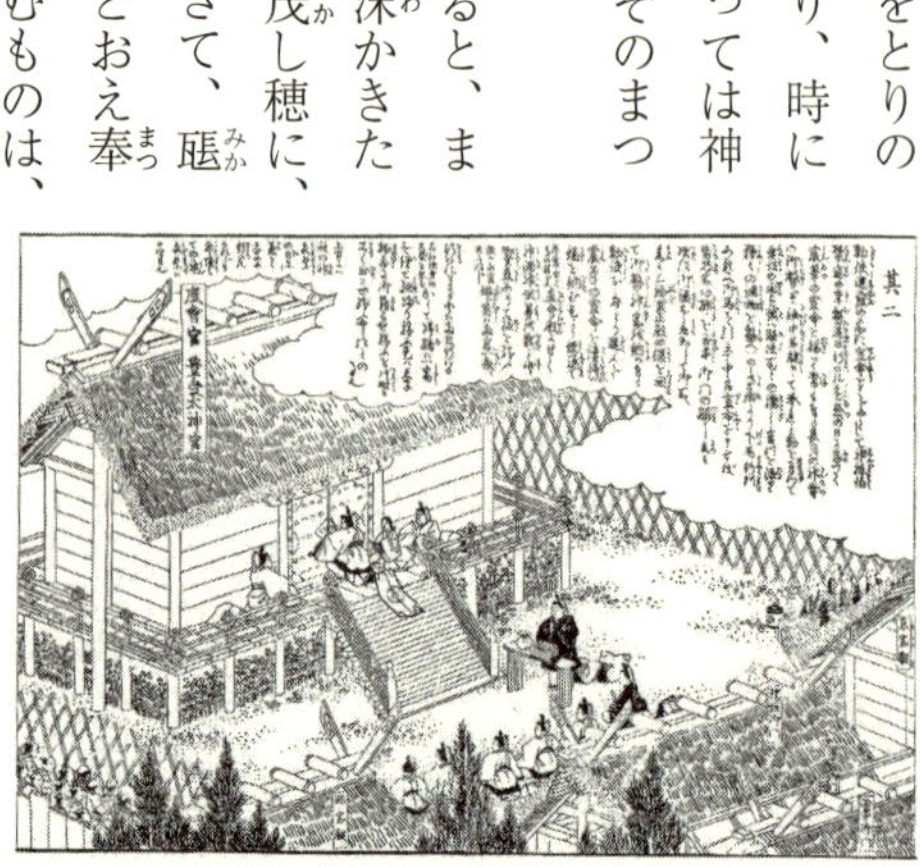

神嘗祭（『伊勢参宮名所図会』より）

このようなまつりはもともとは農耕民たちがそれぞれ民族ごとに、あるいは地域毎におこなっていたものであろうが、そのまつりを統制して一つにしてゆくことによってスメラミコトが成立して来る。スメラは統べることであり、ミコトは御言であろう。祝詞の中に「たたえごと」とあるものもそれである。神をまつるためのことばがまちまちであったものを一つに統一する。それは祈請の効果をあげるためには重要なことであった。しかも祈請する方の側は、おなじものを作っているということから意志統一することも容易であった。そのように祭祀の統一がなされ、その祭祀をつかさどるものを頂点として生産行動にも統制がこころみられることになると、そこに暦が必要になり年中行事が生れて来る。畑作の年中行事についてはさきにあげたが、稲作についても年中行事は生れる。それらをつかさどるものとして祭祀王朝が成立して来る。

今日では江上波夫氏※による日本の騎馬民族国家説が次第に有力な学説になって来つつあり、日本の王朝は騎馬民族の征服王朝であろうと推定されるにいたっているが、そのまえにすでに祭祀を主体とした王朝の存在したことは魏志の倭人伝などによってもあきらかである。しかも二―三世紀頃には、それぞれ小さな農耕祭祀国家が分立していて、それが次第に統一される傾向にあったと見られる。

それらの小さな農耕祭祀国家を騎馬民族は武力的に統一するとともに、かわって祭祀をもおこなうにいたったものと思われる。いずれにしても祭祀を統一し、国々の神を管理することによって、王者は神の上に立つものにもなってゆく。

しかし暦を一にし、祭祀を統一したとしても、国内各地の祭祀の方法が完全に一つになったわけではなく、また民間におこなわれていたまつりがきえたわけでもない。朝廷においてさきにあげたようなまつりがおこなわれる一方、民間においても旧来からのまつりはおこなわれた。ただそれが定められた日におこなわれた。そこで日は一定したけれども行事そのものはかなりまちまちであったし、定められた日におこなわれる祈請も稲作にかぎらず畑作関係のものもあれば衣食住に関するようなものに対してもおこなわれた。

しかし日本における統一王朝の成立は狩猟や漁撈や畑作の中から生れたのではなく、定住性のより高い稲作の中から生れたものであったことは疑をはさむ余地がない。

もとよりそれまでに生産手段にともなう集団社会の発達は見られつつあったと思う。それは古い国名が暗示してくれる。たとえば吉備の国というのは穀物のキビが多く生産されたが故に名付けられたものであろうし、阿波や安房はアワが多く産出されたものと思う。信濃がシナノキの多い国であり、上野・下野は毛の国—すなわち狩猟の盛んにおこなわれていたところであったと思う。それに対して九州北部の豊の国の豊は何がゆたかであったか明らかでないがおそらくは米のゆたかな国であることを意味するものではなかったか。紀伊が木の国であったことは言うまでもない。このように見てゆくと、稲作のみでなく、それ以外のものの生産の盛んな地域もあったことを知るのであるが、そうした地域社会にも稲作は入込んでいったのである。

そしてさきにものべたように稲作がおこなわれるようになると、人は定住しはじめた。拓いた水田は自分で確保し維持する。焼畑のように何年か作って土がやせ雑草が茂りはじめるとそこを捨てて他へ移るということは少ない。開拓に多くの力を必要とするからである。また水田は管理さえよければ、そこをいつまでもつくることができる。最初にひらかれて今日まで二〇〇〇年ほどをつくり続けられている水田もあるはずである。それはおどろくべき持続の事実である。

仮に一枚の水田の作り主が凶作のため飢餓におそわれてその水田を捨てて立ち去ったとしても、かわって別の人が来てその水田を耕すであろう。それをくりかえして来たのである。そして拓き得るかぎりは拓いていったのであるが、そのようにして今日までおよそ三〇〇万ヘクタールの水田がひらかれたのである。そしてそのうち一〇〇万ヘクタールが十世紀頃までには拓かれていたと見られるから、当時の日本全体の推定人口八〇〇万ほどと見合って、稲作を主体に生計をたてる者が大半をしめていたと考えられるのである。すなわち一人当の耕作面積を二〇アールと見るとき、五〇〇万人は稲作によって生計を支えることができる計算になるからである。

このような稲作農民を中心にして祭政のおこなわれたことは国々の国府のおかれたところが条里田のひらけた野の一隅であったということからも推定される。

# 九　稲作農業の発達

延喜式祝詞を見ていると公民ということばがある。オホミタカラとよんでいる。また百姓と書いてこれをもオホミタカラとよんでいる。「百《もも》の官人等《つかさびとたち》、天《あめ》の下四方《よも》の国の百姓《おおみたから》に至るまで、長く平らけく、作り食《たぶ》る五《いつくさ》の穀《たなつもの》をも、豊《ゆたか》に榮えしめ給《たま》ひ、護り恵まひ幸はへたまへと」※とあって百姓が農民を意味するものであることを知るとともに農民を公民として規定していることもわかる。公民とは公役をはたす民のことであり、稲作農民が公民として律令国家の成立を支えて来ることになる。つまり稲作農民が生産の主座につくことにより、統一ある文化が生れ、国家が形成されて来るのであるが、その外側に狩猟・漁撈・畑作農民たちの社会も存在したのである。

そのことは年中行事を見ればわかる。年中行事は日を定めておこなう祭であるが、定められた日に稲作ばかりでなく畑作の祭もある。

一月一日に餅をつき、これを神にそなえたり年俵《としだわら》といって米俵を屋内の土間や大黒柱の下におき、これに松をたて注連かざりをする風習は西は大阪府の能勢地方から、東は福島県あたりにまで分布しているが、年神がまた稲作をつかさどる神と考えられていたからであろう。俵ではなくて稲穂を注連のように年神の棚のまわりにつりさげる風習も岡山県山中には見られる。

一月二日を仕事始め、イチクワ・クワハジメ・ツクリゾメなどといろいろ言っているが、ほぼ全国にわたって、田または畠にゆき、土をおこし、そこにカヤ・ユヅリハ・マツなどをたて、餅・お米などをそなえてまつって来る風習がある。これを一月十一日におこなっているところもある。いずれも豊作を祈っての行事である。

このような行事はおそらく統一国家ができてから一日、二日、十一日などにおこなわれるようになったもので、もともと右のような日におこなわれたものではなく、それ以前は一月十五日を中心にしておこなわれた行事の移行したものではなかったかと思っている。

日本へシナから暦法の入ったのは六〇二年（推古天皇九年）百済の僧観勒《かんろく》がもたらしたのにはじまるといわれる。はじめは元嘉暦《げんかれき》、つづいて儀鳳《ぎほう》・大衍《たいえん》・五紀《ごき》・宣明《せんみょう》などの暦が輸入され、古い暦のあやまりが訂正されていったのであるが、これらの暦の共通している点は新月を月のはじめにしたことであった。つ

クワハジメ（『大和耕作絵抄』より）

まりツキタチが一日にあてられたのである。いまも一日をツイタチとよんでいる。

ところがこれらの暦の入って来る以前からやはり年は流れており、人びとは何かの目安をもって月日のうつりかわりを見ていたのではないかと思われる。それについて柳田国男先生は月のまるくなったときが一つの目安になっていたのではないかと言っておられた。太陰暦によると十五日にあたる日に重要な行事のおこなわれていることが多い。一月の場合も同様である。一月十五日はふつう小正月といわれる。小正月の小は私を意味するものであり、民間を意味するものであろう。民間の年中行事は生産を中心にして組まれている。生産のための月日の目安になるものがないと、農耕はおこなうことができない。旧暦の一月十五日ごろは冬から春へのうつりかわるときで木の芽もふくらみ、草も下もえをはじめる。そういうときを農耕のはじめとし、同時に年の初と考えたのであろう。

ところで一月十五日の行事を検討して見ると稲作に関するものよりも、それ以外の行事の方が多いのではないかと思われるが、これは一つはイチクワやタウチハジメのような行事が、二日や十一日に移行したことにもあると考える。

小正月の日に各地で餅花をつくる風習がある。これをイネノホといっているところは長野県を中心にして新潟・山梨などにもあるが、この餅花はもともと稲の豊作を祈ってのものであろう。また十五日をサツキイワイといっているところも新潟・石川地方に見られる。これは稲作を予祝するもので、秋田・山形地方では雪の上に、ススキやダイズの茎を稲苗に見たてて、田植のまねをして祝う風習がある。それが芸能化して若者や娘たちが田植の時の支度をし、群をなして家々をまわり、田植のわざから稲刈までの所作をして祝言をのべてあるく風習は東北六県にはひろく見られるところでタウエヨド・ニワタウエ・エンブリなどとよばれている。十五日に予祝の行事をすることは稲作のおこなわれているところなら共通していたと思われるが、それが京都を中心にしたあたりでは神社や寺院に儀礼化した行事となってのこっている。御田植神事とか田遊とよばれているものがそれで奈良飛鳥坐神社の御田植祭、高野山の南の花園大日堂の御田、大阪杭全《くまた》神社の御田植神事をはじめ点々として分布を見ている。

十五日には予祝だけでなく予見―すなわち占もおこなわれる。ホダメシとか粥杖とかいわれるものがそれで、粥をたいてその中に稲の葉やカヤの茎のようなものをさし入れて、それに粥の粒のつき具合を見て豊凶をうらなうのである。これも土地によっては米だけでなく、マメやクリ・クルミの豊凶などの予見もおこなわれているから、もともとは稲にかぎられた行事ではなかったであろう。

十五日のモチノカユも稲作の豊饒を祈るものであると思われるが、このような祝や占をすることによって新しい年

ニワタウエ（『真澄遊覧記』より）

を迎えたのである。

さて、こうした予見・予祝の行事のおこなわれた後は、農耕の作業に専心することになるが、作業にともなう儀礼は日が一定しているものは少ない。モミマキイワイ・サビラキ（田植はじめの祝）、サナブリ（田植じまいの祝）、カマハジメ（刈り初めの祝）などがそれであるが、収穫祭としてのアエノコト（能登地方・十月五日）、トオカンヤ（関東地方・十月十日）、イノコ（関西地方十月亥の日）などは土地によって差はあるが、それぞれ一定した日をもっている。

稲作の儀礼については伊藤幹治氏に『稲作儀礼の類型的研究』（国学院大学日本文化研究所、昭和三十八年）というすぐれた著書があり、酒井卯作氏に『稲の祭』（岩崎書店、昭和三十三年）という著書があって教えられるところがきわめて多い。

私がここにのべたところは稲作儀礼のほんの一部にすぎないのであるが、年中行事全体について検討していくと、実は稲作以外の行事が意外なほど多く、それらの中には稲作儀礼によって触発されたと見られるものもあるけれども、稲作とは関係のない儀礼が少なからず存在する。

にもかかわらず、日本の年中行事の大半が稲作儀礼でしめられているように思いこませるほどになったところに稲作のしめる比重と稲作農民の増加をそこに見ることができるのである。しかも稲作農民が

亥の子（『絵本御伽品鏡』より）

公民としてのいろいろの負担をさせられたことも事実であろうが、同時にそれだけの権利も得ていたはずである。税をおさめず課役をつとめないものの地位はおのずから低かったと考えられる。

そのことからいま稲作農民社会について見てゆくと、この社会からは農業以外の職業の分化がきわめて弱かったという事実にぶつかるのである。そして稲作農民は古い時代から農民として生産社会を形成し、かつその社会を守って来たと見られる。たとえば十世紀ごろから武士が発生して来るが、その武士の発生した基盤は水田地帯よりもむしろ、畑作地帯・山麓の田畑混耕地帯、あるいは山間地方が武士発生の母胎をなしていたのではなかったか。低平の地帯にも武士の存在はみられたが、それはごくわずかではなかったか。そして低平な水田地帯に住むものは、稲作農耕に力をそそぎつつ、いつの世にも、たとえ戦乱の世においてすら、できるだけそれにまきこまれないように生きつづけて来たのであった。

それは稲作農民が定住をたてまえとし、自分たちの生活を守るためには、その環境を他の者におかされないように努力することを第一義として、早くから武力斗争の外に立って来たからである。

そうした自衛のためにも人びとはできるだけ一ヵ所に集まって住んだ。さきにもかいたが条里制のしかれている地帯の村々は多くは八世紀頃から存在したものと思われるが、少数の例外をのぞいては集村をなしており、大和盆地や大阪平野のそうした村の中には村の周囲に濠をめぐらしたものが少なくない。

この濠の水は水田灌漑のためのものでもあったが、もう一つは自衛のためであった。そして、その起源もきわめて古いものがあったわけで、そのはじめは野獣などをさける目的もあったであろうが、後には戦乱や野盗をできるだけさけようとしたのであった。

ではそういう村で人口の増加していった場合にはどのようにしてその人口が処置されただろうかということになる。そのような場合には条里制地帯と条里制地帯の間の低平地になお未開墾の野がひろかった。それらの原野は水がとぼしかったから、開墾がおくれたのであるが、川水を利用するとか、池をほり堤をきずくなどして、水を得る工夫がつくと、開田しているのである。

大阪府和泉地方の地図をひろげて見ると、泉大津市、和泉市にかけては条里田が展開する。また石津川流域にも条里田が見られるのであるが、この二つの地帯にはさまれた間には条里田は見られない。そこは信太山丘陵の北端に鶴田池という池があって、その灌漑区域になっている。鶴田池は八世紀の中頃僧行基によってほられたものであるといわれ、この池がつくられたことによって、その下方にあらたに水田がひらけていったのである。

おなじような例は兵庫県伊丹市付近にも見られる。このあたりも条里田がひろく分布しているが、昆陽池の灌漑地域は条里田になっていない。やはり条里田のつくられた後にひらかれたものである。昆陽池も行基によってつくられたといわれている。

その他の地方について見ても条里田の周囲の低平地がひらかれていったのは条里田ができてから後のものがほとんどであり、条里田を核としてその周囲へひらいていったものであることが推定される。この場合農民が共同してひらいたものもあったであろうが、力ある豪族や社寺の助をかりてひらいたもののも少なくない。荘園はこうして発生して来るのだが、手を下してひらいたのはどこまでも農民の仲間であった。このようにして稲作農民は稲作農民としての伝統をまもっていったのであるが、この場合条里田地帯と新田地帯の村には差が見られた。条里田はもともと公民に割りあてて作らせるもので、いわゆる班田収授の法がとられていたから、一戸一戸の持つ耕地の広さは家族員数に比例していたが、新たに開墾した水田の場合、それが共同開墾でないかぎり、一戸一戸の耕地面積にかなりの差があり、さらに豪族などの助をかりてひらいた場合には土地の権利は豪族が持ち、農民は耕作権のみを持つという例も出て来るし、豪族そのものが農民をつかってひらいた場合は豪族の土地に対する権利はさらに強いものになる。つまり開拓にもいろいろのタイプがあったことが推定されるのであるが、とにかく稲作農民の増加は未開墾地の開田によって処置されていったと思われる。そして条里田のつくられた七世紀の終頃から十世紀中ごろまでの間におよそ四〇万ヘクタールの水田があらたにひらかれている。

そしてそれはそのまま水田稲作を中心とした社会が拡大していったと見られるのである。もとより、その間山麓や谷間地帯にも水田は拡大していったと思われるが、そういう現象のとくにつよくなって来るのは十世紀以後のことである。それは荘園の成立のあとをたどっていくと推定されて来るのである。

## 一〇　稲作の経営規模

ここで日本における稲作農業経営の根底にある制約を考えて見たい。日本は小農主義の国であるといわれている。大きな地主はいても農業の大規模経営者はほとんどいない。とくに水田地帯においてこの現象ははなはだしい。中には「宇津保物語」の中へ出て来る長者種松のように多くの奴婢を使用して大規模経営をしたものもあったであろうが、十世紀ごろの日本の農村のすべてに種松のような人がいたとは思えない。また種松の家の経営の大きかったのは、農耕にかぎらず、農耕以外の職業をもっていたことにある。米をつくるだけでは生計をたてることはできない。生きていくためには多くの用具、食物を必要とする。交易によってそれを入手できる場合はよいが、そうでない社会にあっては自給しなければならない。自給は一人一人の力によって可能になるものもあるが、鍋釜のような金属製品になると購入するか借入する以外に入手の方法のないものもある。鍋釜にかぎらず切截用具のような鉄製品は購入する以外に方法はない。もしそういうものの自製をおこなうとすれば、技術をもった者を雇入れ、材料を提供してつくらしめなければならない。自給を中心とした社会では、種松長者のような存在があって、多くの職人をかかえて、それにいろいろの仕事をさせて、自家経営に必要なものを生産するとともに、周囲の農民にそれらをわかつとともに労力の徴収をおこない、自家に必要な労力にしたものではないかと思う。

時代はずっと下るけれども、石川県能登の時国家などを見ても、水田耕作のほかに、塩田・塩釜をもって塩を生産し、網漁業をおこない、廻船を持ち、酒をつくり、石切山をもって石を切り出していた。つまり、きわめて多角的経営であり、生産のあまりは他国へも売り出している。※このような経営は農村社会が農村社会として成り立っていくためには必然的におこって来るものではないかと思う。都市を持たないということが、そのような経営を生んだのである。都市の中には政治的な性格をもったものも多かったけれど、同時に民衆一般のために存在した。都市民はその初から自給生活は不可能に等しかった。彼らは分業的な職業を持つことによって有無相通じ、その生活を維持することができた。しかもその方が能率的であったから、自給を主とした農村の中にも徐々に都市は発達を見ていったのであるが、そのような都市の発達を必要とするためには交易物資が多く動かねばならず、交易すべき物資が乏しい場合には交易を主体とした社会は容易に生れるものではない。交易すべきものが僅少で、その生産が職業として成立しない場合には余業としてこれをつくり出すか、誰かの庇護によってつくり出す以外にない。そこで庇護者として長者とよばれる豪族が存在することになる。

もともと農業それ自体としては大規模な経営は水田地帯では困難であった。大規模経営を困難にさせていた理由はいくつかあった。その第一は日本が雑草のしげる国であったことにある。今日も雑草はよく茂る。古い時代もそのことにかわりはなかったであろう。水田の草は少なくも四回はとらなければならない。正条植がおこなわれず、田打車や八反取の除草機のなかったころはすべて四つ這になって草をとらなければならなかったはずである。しかし古い時代には除草はそれほど気にせず、雑草のしげるにまかせていたとも見られるが、それでも一回や二回はとったであろう。芭蕉の俳諧、七部集にも

二番草とりもはたさず穂に出でて　去来
　灰うちたゝくうるめ一枚　凡兆
（猿蓑　巻之五）

というのがある。二番草をとらないうちに穂が出たというのであるから、かなりなまけものの百姓であったと思われる。が、とにかく近世初期の頃すくなくも二回以上は草をとっていたことがわかる。そしてその労力について考えて見ると、一〇アールつくるのに十九世紀中頃で五〇人区近くかかっているのであるから、近世初期でもそれくらいの時間はかかっていたのではないかと思われる。すると一人で三〇アール耕作は困難になる。なぜなら、稲作は四月から十月までのおよそ一八〇日間のもので、その間に一五〇日働くのはむずかしい。雨の日もあり、いろいろと神まつりにともなう物忌みの日もある。しかももとはその物忌みの日がとくに多かった。その日は農耕を休まなければならない。おそらく一人で二〇アール耕作が精一ぱいではなかっただろうか。一〇アールつくって、それでいのちをつなぎ、の

こり一〇アール分が租税やら雑費にあてられるとなると、その生活はかなり苦しいものになる。

仮に人をやとって広面積を経営して見ても、生産した食料の大半は下人たちの食料になり、凶作のときなどはかえって人をやしなえなくなる。それにたえてゆくためには水田農業以外の生産手段もとらなければならない。長者種松の家はそれであった。近世の下人を持つ豪農なども多くはいろいろの職業を兼業している。稲作のみにたよる場合にはそこに大規模な経営は生れなかったものと考えられる。このことについては後にまたのべてみたい。

第二に、水田の開拓は水さえあれば個人の力をもってしても比較的容易であった。それはいまも各地にのこる私墾田、いわゆるホマチ田、マツボリ田などをみればわかることである。主家の農業の手伝いのかたわらひらいたものである。そして自分で生計のたつほどの田を拓いて独立してゆくものもあった。このような事情もまた小農を成立させたものであろう。

班田収授の命令されたのは大化二（六四六）年、班田が一応完全に実施されたのは白雉三（六五二）年であり、その後だいたい六年毎に実施されたといわれているが、水田のすべてを公田とし、これを人数に応じて割りあてて耕作させたというのは、単に土豪の大農経営を阻止しようとしたと見るよりも、一人一人一戸一戸の経営面積にはおのずから限界があり、その限界内での経営の効率をあげるために公田の割り当て耕作をさせたのであろうが、これは一種の請負耕作であったと言ってもいい。請負耕作が土地所有者としてはもっとも効率的な方法であっただろう。

このようにして日本における請負耕作の起源はきわめて古く、この方法はその後長くのこっていくことになる。一方では下人を使用した大規模経営も発達したが、水田地帯ではむしろ下作《したさく》または小作とよばれる請負作が、班田収授制の崩壊した後も長くつづいて今日にいたったものと思われる。

請負作というのは別の言葉でいえば借地農業である。土地を借りて耕作し、その代価を労力で払うともあれば現物で払うこともある。労力で払えば主従的な関係も生じて来る。つくり出されたものの一部が地主にとられるのであるからそれははなはだ不利に見えるが、地主の側から言えば、労せずして作物を入手することができ、請負耕作者の方から言えば比較的生産条件のよい田をつくることができた。小農民が自分の手でひらいたホマチ田、マツボリ田のようなものは能率のわるい収穫の低い田が多かった。そのような田はむしろ捨て作りにしてよいようなものであった。

これは全くの余談になるが、佐渡をあるいて見ると、早くからひらけたといわれる小佐渡、すなわち本土に近い方の側の山地のいたるところに水田がひらけている。周囲を山林にかこまれて、一見そこに田などあるように見えないところである。せまい谷間の傾斜地をひらいたもので、そこに水があったからひらいたといっていい。いつごろからひらけはじめたものか私にはよくわからない。中にはその田のほとりに家をたてて住みついているものもあるが、多くは麓の方から耕作にのぼっている。耕作している人たちの家の伝承にものこっていない以前から耕作して来たもので、売買することもほとんどないという。里の田なら売買も多いが、こういう田は買手もなかったものと思われる。一種の私墾田であろう。

そういうところの田はほとんど年貢をおさめなかったという。

ところが、ある勤勉な百姓がいて、実によく働きつづけて来、周囲もそれをみとめているのだが、どうしても貧乏から足がぬけない。どうしてだろうという相談をうけた。私は経営面積や耕地の分散状態などについてきいて見ると、耕地を四ヵ所にもって作っている。その中の一つは家からかなりはなれたところにある。私はその田も見てあるいた。四ヵ所のうち二ヵ所は小作。これはいずれも耕作条件のよいところ、他の二ヵ所は自作だが、その一ヵ所は水がかりのわるい田であり、一ヵ所は谷間の小さな田が段々になっている。もとは周囲が松山であったのが、用水池がつくられて田がひらかれ、そのひらかれた田は一マチの面積もひろく、耕作に便利だが、谷の田はそのような条件はそなえていない。しかしその田は昔から自作しているということで、今もつくっている。私はその田を見て、家を貧乏にさせているのはこの田ではないかと思い、その田の耕作を放棄し、家に近いところで借地して、小作し、タバコでもつくって見てはとすすめた。一年あまりしていって見ると、事情はずっとかわっていた。小作することは搾取されることだと教えられて来たのであるが、生産力の低い自田を耕作するよりは生産力の高い借地を小作する方がずっとよかったのである。それは小作料の高かった戦前においても良田の小作の方が収益の率は大きかったのである。

ただこれが佐渡だけの話ならいろいろの考慮の余地がある。しかし全国各地をあるいて見ると早くからひらけていた山麓や丘陵地帯にほぼおなじような条件のあったことを見出す。

では条件のわるかったのは私墾田だけであったかというに本田といわれ、古田といわれるものもかならずしも良田のみとかぎっていない。古い時代からまず水の得やすいところに田がひらかれた。佐渡をあるいて見ると村に近いところにも湿田を見出すことが多い。そういう田を古田といっている。その村では最初にひらけた田であり、そこをつくっているものが旧家であるといわれる。佐渡では江戸時代に入って多くの田がひらかれた。それらは川の水をひいてひらいたもので水をおとせばかわき、水を入れると水田になる。田の大きさもほぼ一定している。北海岸の段丘の上の水田はほとんどこうしたものである。※

古田がわるくて新田の方がよいという例は高知県などでも方々で見かけた。ここでは古田は本田とよばれている。山間のものはほとんど湿田である。水があるから最初に田にひらいたのである。しかし後に灌漑によって水田がひらかれるようになると条件はかわってそうした水田の方がよくなって来る。

灌漑田は古代からすでに多くひらかれており、大和・河内・和泉などには奈良時代につくられた大きな池も少なくないが、そういう池塘築堤の技術はそのまま全国にひろがっていったわけではなく、むしろ江戸期に入って河水灌漑が一般化して来る。

条里田以外の古い水田を見ると、湧水・沢水などを利用した水田がもっともおおかったのではないかと思う。そうした条件の中で水田農耕は発達していったもので、とくに国家資本のともなわなかった十世紀以降の開田は小規模の開墾が多かったと見られる。これは平安鎌倉期にひらかれた荘園地帯を見ると肯定されて来るであろう。

## 二　社会保障としての豪族と村

稲作経営の規模に大きな限界のあったことが生活の上にまた文化の上にそのまま影響する事実を見のがしてはならない。

小規模経営は単一家族と結びつく。単一家族というのは夫婦とその子供を主体としてこれに老人の加わることもあり、戸主の弟妹が独立するまえ、または結婚していない場合は同居しているもので、家族数は多くて七―八人、少なければ三人の場合もある。東北地方や山間へゆけば兄弟二組の夫婦が同居するというような複合家族も見られる。

古代にあっては大家族も多く見られたが、房戸を主にして見てゆけば単一家族も早くから成立していたことになり、房戸はただ家屋の規模にもとづいてそうなったものであるか、あるいは耕地など房戸を単位として経営したものか明らかでないが、班田収授制の発達が少数家族制を支持したであろうことは推定できる。経営の上にも、夫役徴発の上にもその方が便利だからである。また小規模経営が可能であるがゆえに分家独立も可能になった。この問題はなお多くの検討を必要とするものであるが、ここではしばらく問題をふせておく。

しかし独立すると言っても完全に独立するわけではない。一戸の家の生命力は、生産力が低ければ低いほど弱いものであったし、また一人一人の持つ生産能力も今よりもずっと低いものであった。効率の低い農具を用い、肥料といえば芝草程度のものであるとすれば生産力の低いのは当然である。そういう人たちが集って経営をおこなうとき、その家の生産力も高いとは言えない。そういうことについては、古い時代の文献によって見ていくことができないので、現在の状態から推測するよりほかにないが、昭和二十五年当時調査した対馬の例について見ると、同島ではその頃まで田畑の耕作に金肥をつかうものはほとんどなく、たいていは芝草程度であった。畑には堆厩肥をいれることもあったが、水田にはほとんどなかった。このような耕作法によってできる米は水田一反あたり、籾にして五俵乃至六俵程度であり、玄米にして一石から一石二斗程度にすぎない。今日の収穫量の三分一程度である。そのような収穫が明治以前からつづいていたのである。同様のことを種子島でもきいた。明治三十年頃までは水田で金肥をつかうことはほとんどなく、種子島では田植もしなかった。水田に芝草をまきちらし、馬四―五頭の首をつらねて横にならべ、田の中を追って芝草を泥の中にふみこませる。そのようにすればすきおこしたとおなじような効果をあげる。そのあとをならして籾を直播する。一部には田植もおこなっていたが、大半の湿田がホイトウとよばれる馬踏みと直播によったのであるが、南種子町に明治十九年熊本県から春木敬太郎という馬耕の教師が来て犂を用いて耕起するようになり、それにともなって田植もおこなわれることになった。中種子町へは明治二十五年に馬耕教師が来ている。馬耕教師は熊本・福岡から多く出ており、明治十年代から大正時代にかけてひろく全国にその技術をひろめている。それ以前は西日本の牛耕地帯をのぞいては、農耕はほとんど人力により能率のわるいものだったのである。

しかも天候は年々ちがっており、それによって収量もちがって来る。凶作はたびたびおそって来たものであった。

にもかかわらず、人はかならずしも勤勉ではなかった。農繁期にはいそがしく働いたけれども日常はそれほど働きはしなかった。戦後、昭和二十三年頃であったか、山口県の二戸の農家で綿密に農家の労働力についてしらべたことがあるが、一・五ヘクタールを耕作している篤農家の場合、一日平均五・五時間農耕にしたがっており、もう一戸の一・二ヘクタール耕作農家では三・五時間働いているにすぎなかった。また昭和十六・七年ごろの岡山県山中農家の農業簿記を検討して見たことがあったが、その場合も平均して五時間くらいになっていた。それらはいずれもよく働いた模範的な農家に見られることである。現代のわずかな数字をあげて物をいうことは論理的でないが、私が全国をあるきはじめた昭和十四年から昭和三十年頃までの見聞では、この数字はほぼかわらないものである。農繁期は無闇にいそがしかったが、農閑期はまるで閑であり、閑なときにはする事もなかった。街道筋のように農間稼のできるところはよかったが、それのない世界では遊ぶよりほかに方法はなく、そういうときに物見遊山や巡拝の旅もおこなわれた。かつて栗山一夫氏が播州平野の一つの村の石造物を丹念に調査したことがあったが、その造立のほとんどが一月から三月までの間と八月に集中していた。その時期が農家で一番ひまな時だったのである。そしてそれは江戸時代だけのことではなく、それ以前においても同様であったはずである。

この農閑期が有利に利用されるにいたったのは江戸時代に入ってからであり、それも街道筋や町方に近いところに見られた現象で、一般には農間にかせぐようなことはほとんどなかった。菅江真澄の遊覧記をよんでいてしみじみそのことを感ずる。天明三(一七八三)年郷里三河をたってから、文政十二(一八二九)年秋田県角館で死去するまで、秋田・青森・岩手・宮城・北海道を巡歴し、とくに青森・秋田の滞在が長く、多くの紀行文をのこしているけれども、この旅人の相手をする村人は多く、どう見てもただ一人であるいたらしい様子はほとんど見出せない。したがって道にまよったというような記事はほとんどない。また農間稼ぎをしたらしい様子もない。雪のふるときは雪の中にしずかにこもっていた。杣仕事のあるところは別として、平野の村ならばイロリのほとりに時を消すための多少の仕事をしつつ春を待っていた。

それは南の方でも相似ていた。たきぎをとりにいってそのまま山で一日ねて来るというような日も少なくなかったという。つまり時代をさかのぼるほど農閑と農繁の差ははなはだしく、また僻地にゆくほどその傾向が見られた。

農作物以外の民具のようなものをつくるにしても自給を目的としたものは間にあわせが多く、粗末なものであった。それは各地をあるいて見ればわかることで、商品として売買されるようになって品質の向上はある。

長い間生産技術が停滞し、経営そのものすら停滞していたのは交易経済が発達を見なかったからで、一人一人の生活、一戸一戸の生活のきわめて不安定であったことはいうまでもなく、その不安定なものの支えになったのが村落共同体であり、長者経営であった。長者といわれるものは中には武力をもったものもあるが、多くは武力をもっていなかったのではないかと思う。今日のこる長者伝説の中に武力をもっていたものは少ない。しかし粉河寺縁起に見られる河内国讃良長者は武士を家来にしていた。いっぽう信貴山縁起に見る山崎長者は武士によって家のまもられた様子は見えない。長者といわれるようなものは村の中心勢力として多くの下人を持ち、大きな経営をおこなっているが、どこまでも農民の側に属するもので、武家領主的な存在（地頭系といってもいい）ではなかったようである。

そこで能登時国家のことをもう一度引きあいに出したい。時国家は周囲からは長者の家といわれて来た。しかし武家的な家ではなかった。家康による大阪城攻撃のときも、出陣の要請をうけた

河内国讃良長者の家来の武士（『粉河寺縁起』より）

が武士でないからと言ってことわったという。多くの下人をかかえての経営であったが、農地のみについて見ると、時国家自身の手作は一・三ヘクタールほどであったという。他は下人に一戸当り八〇アールずつをつくらせていた。下人の家ははじめは一四・五戸程度であった。その頃は時国家自体の手作ももっと広かったかもわからない。下人の中には譜代のものもあったようだが、凶作などのときに生活にこまって身売したものも多く、それらは、後に買い戻されるとか、年季をつとめて家へかえるものもあった。終身の身売ではなく、五年七年の年期をきった身売もあった。そういう下人たちによって、漁業や製塩などもおこなっていたのであって、主家の農作業への労力奉仕はそれほど多いものではなかった。

一般の農民が時国のような家を必要としたのは非常の場合であった。たとえば籾種などは下人以外の一般農家も時国家へあずけておいた。そうしないと凶作のときなどたべてしまって種籾すらなくなることもある。また生活に困ったときには身売することもできる。つまり時国家のあることによって一種の生活保障がなされることになる。凶作の時には時国家も困っている。領主から金を借りたり、下人を他へ稼ぎに出したりして急場をしのぐ。こういう家があることによって周囲の一般農民の生活が支えられていたことがよくわかる。

時国へ種籾をあずけるような村には時国のような大きな家はない。それぞれ独立農家のあつまった村でその数の方が、時国のような親方を持つ村の数より多い。どんぐりの背くらべである方が平常の年は生活も楽である。親方の家への夫役も少なく、親方に頭をさげなければならないことも少ない。しかし一たん凶作などあると、身売もしなければならなくなって来る。身売するのは大きな親方のいない村のものであった。

以上は同家の近世初期の記録にもとづいて見て来たのであるが、中世社会の機構を多分にのこしている佐渡などでもおなじようなことが言えるのではないかと思う。

もとよりドングリの背くらべの村でも、広い共有地をもてばそれが大きな支えになるが、平野の水田農村ではそのような支えになるものは少ない。そういう村では死滅または逃亡による絶家が多かったのではないかと思う。

それは寺の過去帳を丹念にしらべていって見るとわかって来ることで、古くからつたわっている本家筋の家は近世初期にあった戸数のうち一割程度というのが普通で、九割までは退転しているといってい い。そしてその一割程度の家の分家が退転した家のあとをついでいる例がきわめて多い。西日本ではこれを株をつぐという言葉でよばれるが、関東・東北ではイセキをつぐとよぶところが多い。イセキは一跡または遺跡とかいている例もある。戸数は一定しているか、または徐々にふえていっても中味はかわっている。このようにして一つ一つの家の生命を見ていくと意外なほどはかないものであるが、とにかく村の一定の規模だけは保たれて来た。

もとよりこのような現象は十七世紀以降のことであるが、中世以前にあっては人の流動はもっとはげしいものであったと思われる。それは苗字の分布と、苗字についての言いつたえで推定される。

## 一二　貸借必要の世界

以上のべて来たように飢餓からの脱出の手段として畑作から稲作へとより生産性の高い作物をえらび、それを生業の主体として来たのであるが、それにもかかわらず、一般民衆の生活そのものはひどく不安定であった。しかも子孫がふえて、それらを分家させるためには新しい耕地を必要とするが、平野の村にはその余地は少ない。それは大和盆地・山城盆地、近江盆地・大阪平野・播州平野・讃岐平野などを見ればわかるところで、平坦な水田地帯はほぼ条里田でおおわれている。これらの土地は十世紀頃までにひらきつくされたところと見ていい。そういうところに存在する村は水田農耕だけで発展する余地はきわめてとぼしい。新田をひらくべき余地がほとんどない。農耕技術を高めていくことによってわずかに人口の増加を可能にすることができる。

されぱといって水田稲作の中から他のあたらしい産業を生み出すことはきわめてむずかしい。稲作が農業の中ではもっとも安定しており、しかも稲作は農以外の産業を生み出す力をほとんどもっていない。その材料となるものを持っていないからである。にもかかわらず水田稲作の村の増加が農以外の生業をよびおこす有力な力になって来る。一見この逆説的に見える現象について考えて見たい。

水田農村そのものは自給のきわめてむずかしい条件をもっていた。山も畑も持っていないところでは薪の入手もむずかしく、また雑穀などの入手、衣服の原料などの入手もむずかしい。米以外のあらゆるものを他から求めなければならない。そうしたことから平地の水田農業のすすむにつれて、交易経済がそこに入りこんで来ざるを得なくなるし、一方では稲作以外の換金作物の栽培も必要になって来るが、その方は十七世紀以降のことで、とにかくそれ以前から水田農村地帯には交易経済の入り込んで来る余地があった。

十五世紀のはじめ日本をおとずれた朝鮮の使者が、尼ケ崎付近において三毛作のおこなわれたことを見ており、※元禄二（一六八九）年近畿各地をあるいた貝原益軒は和泉の国を見聞して「土地肥饒にして、農人等耕作に力を用い、五穀菜蔬をうゝるに精《くわ》し。故に麦及菜など他国にまさりて、はなはだうるはし。田圃の内塵芥なく、畦《うね》をなすに工匠のすみ縄を引たるが如し。凡田圃に功を用て精しき事、五畿内は他州にすぐれ、大和河内は尤すぐれたり。和泉は猶それにもまさるべし。諸国のつたなくおこたれる農夫に、此地のつくり物をみせまほし。およそ五穀の美は土地の肥饒のみにあらず。過半は人力のつとめによれり。力役かろく、民にちから有て、耕作の道をおしえ知らしめば、今の田畠の土貢一倍ならんと、老功の人のいへり。」（『南遊紀行』）といっているごとく、水田耕作地帯における農業技術が十七世紀の終り頃には今日と大差ないまでに発達し、稲作のほかにムギ・ナタネの栽培も盛んになっていたことをこの文によって知る。

しかし日本の農業全体がこのようであったのではなく、諸国にはつたなくおこたれる農夫がたくさんいた。そういうところは山もあり畑もあり、時には海にも近く、むしろ自給の可能性はそうした地帯につよかったのであるが、自給の可能性のつよいところほど農耕技術そのものは粗雑であった。

そして長い間米の生産は生産者にとってはみずからの生命を維持するほかは貢租として政府または領主に納入する以外に、それを交易にするほどの余裕はほとんどなかったのではないかと思われる。それは律令国家が成立したとき出挙《すいこ》の制度が社会的に大きな意味と力をもっていたことから推定せられるのである。出挙というのは一種の融通制度であって、利息つきの貸借と、無利息の賑貸《しんたい》があった。もともと出挙というのは元本を出して、利息をあげることから出たものであるといわれる。そして出挙には公《く》出挙《すいこ》と私出挙《しすいこ》があった。公出挙は官庁が貸し出すもの、私出挙は私人相互の貸借のことであったが、官のものは民衆の意志如何にかかわらず、強制的に貸付けるものもある。それは官庁の土木工事などで多くの経費を必要とするときこれをあてる場合、あるいは財政を充実させようなどとしてこれをおこなったともいわれる。そういう場合の出挙は民衆の貧富に応じて割りあてたといわれる。そして公出挙の利息は年五割であったという。しかしその利息の高さが民衆の生活を圧迫するので、延暦十四(七九五)年には三割に引きさげられた。三割といえば当時としては安い利息であった。なぜなら私出挙の場合は一〇割だったのだから。すると凶作の年などには力のあるものがたくさん借り出して、それをさらに貸し出して利鞘をかせぐものも出てくるわけである。

私出挙には稲粟出挙と財物出挙があり、財物出挙というのは銭を貸すものである。稲藁の出挙は一年を期限としたが、財物は六〇日を期限として利息をとっている。利息は規定では六〇日で二割三分五厘であったが、実際にはそれよりも多くとることが常識になっており、貧民救済のためにはじめられたものが、かえって貧民を苦しめることになってしまっている。これら出挙のほかに官庁が出挙稲とは別に官庁手持の稲を貸しつけることがあり、これを借貸《しゃくたい》と言ったが、この方は臨時のもので、しかも債務を免除することもあったが、このようなことは容易におこなわれなかったから、民衆をうるおすことは少なかった。

さてそのはじめは出挙にあたっては質物はとることがなかったのであるが、元利をかえすことのできないものがふえてくるにつれて、田地・宅地などを質にして稲・財物を借りるものがふえて来る。ところが田地は公のものが多く、売買できるのは私墾田・園地である。宅地は自分のものである。そういうものが質物になる。そして元利の払えないときは質物をとりあげられてしまうから、いきおい流離の民とならざるを得ない。天平勝宝三(七五一)年の太政官符に「豊富な百姓が銭財を出挙し、貧乏民の宅地を質となし、ここにその責を急にするにいたって、みずから質とした家をつぐないとし、住むところがなく、他国ににげ、本業を失い、弊害が多い※」といっているのはこれを物語る。そこで宅地の質物をとめたけれども効果はほとんどなかった。

それでなくてさえ民衆の生活が不安定であったことはさきにもいったように生産力がひくくて交易にあてることのできるほどの物質すら十分には持っていなかった。そこで貸借関係が生れて来たのである。つまり、交易の盛んになって来るまえに村里の中にあっては貸借によって融通しあう制度が生れた。しかもそれは昭和十五年頃までつづくのである。

貸借というのは稲粟を借りた場合には稲粟をかえすというだけでなく、金銭でかえすこともある。このような方法を掛《かけ》といった。

自給を主とした社会にはまずこうした貸借を主とした融通制度が発達し、その生活を支えることになるのであるが、そのことによって、かえって力なきものをまずしさの中へ追いおとしてゆくことになる。そういうことが律令政治をくずしていく一つの原因になるのであるが、しかし貸借制度は律令政治がくずれてもくずれ去りはしなかった。むしろいよいよ盛んになっていった。保障のない社会では、たとえ一時的なものであったとしても民衆にとっては一つの社会保障的な意味をもっていた。

自給的な社会で貸借を成立させるものは質物としての土地である。土地をもっておれば貸借は可能になって来る。したがって耕地の広いところでは貸借を通じて土地の移動が盛んになって来る。もとより、土地を失って富裕者に零属するものも多かったであろうが、いきなり富家に入って奴婢になるのではなく、もと自分の持っていた土地はそのまま耕作しつつ、借りた財物をその収穫で返済していく方法もとられた。下作、または請作といわれるものの多くは質物として土地を失った農民の間に見られたものではなかったか。これは近世および近代における小作のあり方の中に多く見られたもので、このような制度が近世に入って急におこったものとは思えない。つまり質物流れによって土地所有権は失われても耕作権は直ちに失われなかったのである。その生活は悲惨なものであったと思われるが流離するよりはましであった。流離の生活には家族を形成する力すらも失われる場合が多かった。

土地を持つもの——すなわち良民はその身を質物にすることはゆるされていなかったが、土地を失って質物すら持たない場合には、その身体を質にすることすらおこなわれた。いわゆる人身売買である。この場合には奴婢としてその家に属することが多かったと思われる。こう見るといかにも悲惨であったようにに見えるが、延喜二（九〇二）年の太政官符には「諸国奸濫の百姓が、課役をのがれるために、ややもすると京都にやって来て豪家の家来になり、あるいは田地を寄進するといい、あるいは舎宅を売ったといって牒をとり、堺をきめる。国司はそれがいつわりであると知っても買った相手が権貴であるものが多く、その勢力をはばかってだまっていて禁制しない」※というような例も多かった。つまり権貴の者に土地を売ったとして、その名儀にし、堺をキチンときめながら、実は依然としてもとの持主が経営するのである。こうすれば夫役に出なくてもよくなり、税を官庁へおさめることもなくなって来るから耕作しているものも有利である。そのようにして律令政治の中からぬけ出していったものも多かった。

## 一三　貢納物の清算

交易の盛んになるまえに貸借を主とした流通制度のあったことは、さきにもいったように自給を中心にした社会には当然のことであったが、いっぽう律令国家が成立してから後は、その財政の財源となるものをいろいろと取りたてられることになった。もとよりそれ以前はいずれかの氏族に属して作物をつくり、労力を提供しているものが民衆のほとんどであっただろうが、その地縁的な結合範囲はきわめてせまかった。それが律令国家に統一せられると、中央政府・地方政府にも納税を通じて結びつくことになり、また貢納物資の輸送のための夫役にも多くの労力をさかねばならず、さらに兵役の義務にも服したのだから、ただ日々を農耕にしたがっているというような簡単な日々ではなくなる。養老令の田令第一条によると「およそ田の長さは三〇歩、広さは一二歩を一段とし、一〇段を町とせよ。段の租稲は二束二把、町の租稲は二二束」とあって租税はいかにもひくかったように思われるが、その租稲はこれを穀にして各国郡の倉に納められなければならず、その労力のすべては納税する方の側にあった。

民衆の負担はそれだけでなく、調《みつぎ》もおさめなければならなかった。調というのは絹・絁《あしぎぬ》・糸・綿・

布のような繊維製品、あるいは地方の特産物・海産物・鉱産物などを、はじめは戸に対して後には成年男子に対して賦課したものである。すると水田稲作農民でも織布類をはじめ、畑作物なども納めなければならなくなる。それについては水田のほかに園地（畑）もあたえていたのである。畑の方は水田の班給のようにむずかしい規則はなく、畑地になる場所の広狭を見はからって、各戸にできるだけ平等になるようにわけ、その家のたえたときは公にかえすことになっていた。すると平坦な水田のひらけつくされたようなところはどうしただろうというと、宅地のある場所、つまり集落の中にそれぞれかなりの面積の畑地がついていたようで、それを各戸にわけていたものと思われる。これに対して調は課せられたようであるが、年令によって正丁（二十一才から六十才まで）・次丁（六十一才から六十五才）・中男（十七才から二十才）にわけ、それぞれちがっており、調をおさめるものは副物もおさめなければならなかった。養老令によると染料・繊維類・動植物油・木工品などがあり、これは納入者たちが中央官庁まで直接運送する義務があった。そして運送の時期もそれぞれ違っていた。

　すると稲作農民もただ稲をつくるだけでなく、それ以外のものものもつくることが要請せられていたし、また自給を主とした社会では衣料のようなものは、もともと自給していたであろうことも想像せられる。

　次に庸の徴収があった。庸はもともと役《えだち》であった。正丁は一年に一〇日の夫役をつとめなければならなかったが、それをつとめない場合には庸をおさめた。多くは布であった。これを庸布とよび長さ二丈六尺であった。

このほかに雑徭がある。いろいろの労働につかう夫役のことで、養老令には「凡そ全条外の雑徭は、人毎に均しく使え、すべて六〇日をすぎてはいけない」と言っているが、考えて見ると、一年に六〇日の労役はずいぶん大きな負担であった。そしてそれが定住民の流亡をよびおこしたといってもいい。とくに都造営の負担は実に重く、和銅四（七一一）年の勅語に「諸国の役民、造都に労して、奔亡なお多し。禁ずといえどもやまず」とある。にげ出したものは近国の農家などにやとわれてゆくものが多かったという。

このような律令政治の税制によってとりあげられた物資がどのように動いていたかを考えて見たい。まずそのもっとも大きなものは官吏たちに対する官給である。現在ではすべて金銭本位で支払われているが、律令国家では現物給与が主であった。

これを金銭にかえる市場も少なければ一般民衆の需要も少なかったからである。しかし律令国家の維持のためには多くの官僚が必要であり、その官僚をやしなうために租調庸を必要としたのである。したがって農民たちは水田農耕のほかに、畑作や機織をはじめとするいろいろの手工業をもいとなまなければならなかった。

奈良国立文化財研究所は昭和三十五年十一月二十一日から三十六年二月三日にわたって、平城宮址の第五次発掘調査をおこなった。その際多数の木簡が出土した。その木簡は（一）短冊形のもの、（二）紐でくりつけるために上又は上下端左右に切欠きのあるもの。切欠き部に紐でくくった痕跡のあるもの、(三)下端をとがらせたもの、(四)原形の不明になった木片、などであるが、そこに書かれてある文字によっていろいろのことがわかって来た。「寺請　小豆一斗　醤一十五斤　大床所　酢　末醤十」(裏面)「右　四種物　竹波命婦御所　三月六日」とあるものなど、これは官物を寺が請けた札であろうが、この寺は法華寺であるという。官庫にはこのようにいろいろの物資がおさめられていたのであろう。また「請常食朝夕并三斗」とあるから炊焚したものを官給する場合もあったかと思われる。そのほか「請菜端事」「山梨郡雑役胡桃子一古」「栢柵把」「未滑海藻」「撫海藻」「大豆二斗」などとしるされたものなどもあり、また紀伊国からの調塩の木簡も一枚あって、これらの物資が調として都にはこばれ官吏や官寺などに配給されたことが推定せられたわけである。主として天平宝字六(七六二)年頃のものである。

ところが昭和三十八年の第一三次発掘調査には一六〇〇余点におよぶ木簡の発掘を見た。その中には文書風のものもあり、また荷札もある。荷札は贄・調・中男作物など運送せられた荷につけられたものであり、これらの貢進国は三二国におよんでいた。そして年号も養老二(七一八)年から天平一九(七四七)年におよんでいる。贄は魚と海藻が多く、調は塩が多いので、それ以外のものについて見てゆくとハナサク(越前丹生郡曾博郷、ハナサクはソバではないかと思う)、鍬(備前赤坂郡周迊郷・備後三上郡・同信敷郷)、綿(筑前怡土郷・豊前仲津郡・同下毛郡・同宇佐郡・豊後大分郡・肥前神埼郡・同藤津郡・同高来郡・肥後恰志郡〔合志郡?〕・同飽田郡・同託麻郡・同益城郡)がある。

そのほかの付札には白米・大麦・麦・瓜・滓漬・紫漬・未醬・銭などをはじめ、染織関係のものが多い。これには地名人名の記載はない。

こうした木簡の出土を通じて律令政治が一応完全に実施せられていたことを知るばかりでなく、地方の物産や物産を通じて生活もおぼろげながらわかって来るように思えた。

しかもその後木簡は相ついで出土し、第二一次、第二二次調査に際しては五二六点を出し、中には和銅二（七〇九）年の年号のあるものも出た。これは出土木簡中年号のわかるものではもっとも古いものである。

さてこの中には買茄・麦・米・糯米・交易小麦・醬・紺青・酒米・赤米・白米・難酒・赤裙・麻・櫟・白酒・清酒・調鉄・瓜・白飯・交易紫菜・泉蔺・菁・杬・綿・小豆・菜・下絁などの物品を見出す。魚塩はぶいた。この調査で品目の数はずっとふえて来た。

ところが昭和四十年度の第二七・二八・二九・三二次の調査地点からは実に一三、九〇〇点の木簡を得て、その中には官吏の考課・選叙に関するものすら見られ、紙使用同様に木札の利用せられていたこともあきらかになって来た。そのうち生産に関係のあるものをあげて見ると、

鹿宍・雉腊・篭・銭・薪入

などがある。

さらに昭和四十二年の第三九・四〇・四一次調査地点から出土したものの中には

鉈・珀玉・白糸・板・黒葛・榑・歩板・青玉・藍灰・鍬・単布・縄・酒などの文字を見出すことができる。どこで生産せられたか、明かではないが、これらの貢納が全国からなされたことはうたがうべくもない。そしてそれが山地であったと平地であったとをとわず、商品としてほどの生産はなくとも、百姓たちによって余業としてつくり出されていたことは間違いない。

ここにはあげなかったが、魚塩を贄や調として貢進していた人びとの中には、魚をとり塩をつくることを主業としていたものも多かったと思われる。

とにかく農民が主業のかたわら、いろいろの余業をもかねていたことはこれらの調貢品の中にうかがうことができるが、こうしたもののほかに、この官址からは鎌・鋸・鋤・斧・鉋なども発見せられている。これらは王宮の造営に使用せられたものであるかもわからないが、同時に農具または木挽用、杣用としても利用せられたであろうことが推定せられる。

つまり自給生活を通じて、生産の多様化せられたことはこれらによってわかるが、そのほとんどが現物貢納であり、銭納はきわめて少なかった。しかし皆無ではなかったことは木簡の中に銭の文字を何枚か見出すことによって推定せられる。

また市などもおこなわれたと思われるのは交易小麦などの文字から推定せられるのである。市場での交易に対しての課税ではなかったかと思われる。それもまたごくわずかである。

以上のようなことから、律令国家時代には現物生産をおこなわないものは国家官僚群であり、その官僚の生計のために民衆の物資貢納があり、それ以外にあっては物資交易はそれほど多いものではなかった。したがって職業の分化はなお微々たるものであったといってよかった。なおこの項は奈良国立文化財研究所から寄贈をうけた平城宮跡第五次発掘調査報告・平城宮発掘調査出土木簡概報の（一）・（二）・（三）・（四）・（五）、および奈良国立文化財研究所年報一九六四・一九六五・一九六六・一九六七年版によることが多い。これらの報告は過去における民衆の生活と、それの現在へのつながりを見てゆく上に実に多くのものをおしえてくれる。

## 一四　機織技術の伝播

古代にあって統一国家をつくるにもっとも必要な条件は交通網と制度を整備することであり、暦を統一することであった。交通網の整備には高い土木技術を必要としたし、そのためには鉄生産も重要な条件の一つになる。

もともと日本が小さな氏族国家のあつまりであったころには農以外の技術はきわめて低いものであったし、またその中から統一国家を生み出すほどの文化の高さも持たなかったが、一世紀の頃から大陸との交渉がふかくなるにつれて、大陸の高い技術の流入を見るにいたり、それが日本の文化の進歩をうながすことに大きく貢献した。

文字を通じてたしかめ得るところでは後漢書倭伝に、倭の奴国が後漢に朝貢して光武帝から印綬をたまわった。その印と思われる漢委奴国王としるされた金印が福岡県志賀島から出ている。また奈良県天理市東大寺山古墳から金象嵌の太刀が出土し、それには「中平□年五月丙午」の銘があり、中平は後漢の年号で一八四年から一八八年にわたっている。

さらに山梨県西八代郡大塚村〔現市川三郷町〕鳥居原狐塚古墳からは半円方形帯神獣鏡が出ていて、それには「赤烏元年五月廿五日」の銘がある。赤烏は呉の年号で元年は二三八年にあたる。その頃から急に大陸との交渉がふかくなって来るようである。しかもその頃からの古墳の副葬品がアジア北方民族のものとかわらなくなることから、江上波夫氏は騎馬民族の日本侵入を主張している。そして五世紀以降の大陸からの帰化人の多いのも王朝が大陸から渡来したためだと見ている。弘仁五〔八一四〕年万多親王によって編まれた新選姓氏録によると、同書に集録せられた一〇五九氏のうち、帰化人系の家は三二四で三〇%近くにのぼっている。しかもその多くが畿内に住んでいた。

ではどのような人びとが渡来して来たのであろうか。それについては日本書紀によるほかないが、応神紀以後のものはかなり精確と見られている。それによってみると手工業者の多かったことが目につく。

まず応神天皇十四年に百済王が縫衣工女《きぬぬいひめ》を奉っており、おなじ年に弓月君が百済から一二〇県の民をひきいて日本へ来た。弓月君は秦の王族の出で、日本へ来てからその子孫は秦《はた》を称した。三十一年には新羅王が猪名部の祖となった能き匠者《たくみ》を奉り、三十七年には阿知使主《あちのおみ》、都加使主《つかのおみ》を呉につかわして縫工女《きぬぬひめ》をもとめさせた。阿知使主らは高麗にわたって呉への道をきくと高麗王は久礼波・久礼志の二人を案内人にしてくれたので、呉にゆきつくことができた。そこで呉王から工女兄媛《ぬひめえひめ》・弟媛《おとひめ》・呉織《くれはとり》・穴織《あなはとり》の四人の女を与えられて日本へつれかえった。

弓月君によって北方系の狭袖、これら呉人によって南方系の寛衣広袖の服装が日本でもつくられるようになったと見られるが、それまでは貫頭衣をまとっていたのである。なお阿知使主らがつれて来たとせられる記事とほぼおなじような記事が雄略天皇の一四年の条にも見られる。身狭村主青《むさすぐりあお》が呉国へ使としてゆき・漢織《あやはとり》・呉織・衣縫兄媛《きぬぬひえひめ》・弟媛をつれてかえって兄媛を大三輪の神に奉り、弟媛を漢衣縫部《あやのきぬぬひべ》とした。漢織・呉織の衣縫は飛鳥衣縫部・伊勢衣縫部の先祖にあたる人たちである。このほか雄略の七年に百済から来た錦部《にしごりべ》定安那《じょうあんな》・錦訳部《にしきおさべ》卯安那《りょうあんな》※も錦を編む工人であったと見られる。したがってあたらしい染織や裁縫の技術を持った人たちが日本へ来ると同時に、その技術を日本人につたえることになったと考えられる。

それではこれらの機織工女たちが日本に渡来する以前に、日本に機織技術は存在しなかったかというと、すでに存在していたことは、奈良県唐・古や静岡県登呂の弥生式遺跡から紡織具が出土していることでわかるのであり、植物性の織布を身にまとっていた。布の材料はアサ・コウゾ・クズなどであったと思われる。弥生式時代の出土品について見ればほとんど手織である。そしてこの時代までは特別の織工がいたとは考えられず、各戸の自給によっていたと考えられる。

ところが特別の工女の渡来によって織布の技術も発達して来たばかりでなく材料に絹が登場して来る。日本で蚕を飼っていたことは大陸から工女たちが渡って来る以前にさかのぼり、『魏志倭人伝』に「蚕桑《さんそう》緝績《しゅうせき》し、細紵《さいちょ》・縑緜《げんめん》を出だす」とあるから、絹織物が古くからあったことになる。事実古墳の中から絹織物は出ており、それらの中には鏡をつつんであるのが多いので、シナからもたらされたものもあると見られる。しかし多くは手織なのである。ところが六世紀の古墳になると、綾織が出て来、七世紀になると綴錦も出て来るようになる。大陸から織女たちがわたって来たのは五世紀半ばであったから、年代的にも符合する。

しかも紡織・衣服の改良とその伝播は目ざましいものがあった。それは秦の民の分散の中にうかがうことができる。秦の民は弓月君につれられて日本へわたって来た大陸の民で、機織にしたがったものが多かった。しかも養蚕をおこない、桑をつくるためには畑作にしたがい、機も畑もともにハタとよむのはその民を秦《ハタ》とよぶことと、もともと語源を一つにするところによると見られる。秦氏についてはまえにものべたが、秦の民が早く地方に分散していったことは、日本書紀雄略天皇十五年（四七一）の記事にあきらかである。すなわち「秦の民わかれ、臣連らおのおの願のままに駈使い、秦造にゆだねず、是により秦造酒君はなはだもってうれいとなして天皇に仕う。天皇うつくしみ、めぐみたまう。みことのりして、秦の民をあつめて秦酒公にたまう。公よりて百八十種の勝部《すぐりべ》をひきいて、つくりもの、みつぎもの絹縑《きぬかとり》を奉る。朝庭《みかど》にみて積む。よりて姓をたまいてウズマサという」とある。また『新撰姓氏録』にも秦の民は臣連らに劫畧せられて四散してしまい、所在のわかっているものは十分一にもたらなくなった。そこで天皇に勅使を請うて捜してもらうことにした。天皇は小子部雷をつかいとして、大隅の阿多隼人らをひきいて各地の秦の民を捜しあつめ、九二部一万八六七〇人を得て秦酒公にたまわったとある。秦の民は特別の技術をもっていたために、豪族たちにうばわれて四散したものと思われるが、それらの民の住みついたところは普通ハタ郷を称した。ハタの字は波多・幡多などもあてられており、また服部《はたおりべ》をまで加えると、『倭名鈔』に見えた郷名だけでも次のようになる。

| （国名） | （郡名） | （郷名） |
|---|---|---|
| 山城 | 相楽 | 蟹幡《かむばた》 |
| 大和 | 高市 | 波多 |
| | 山辺 | 服部 |
| 河内 | 茨田 | 幡多 |
| 摂津 | 島上 | 服部 |
| | 豊島 | 秦上・秦下 |
| | 有馬 | 幡多 |
| 伊賀 | 阿拝 | 服部 |
| 伊勢 | 奄芸 | 服部 |
| 三河 | 八名 | 服部 |
| 遠江 | 長下 | 幡多 |
| | 蓁原 | 蓁原 |

| | | |
|---|---|---|
| 相模 | 餘綾 | 幡多 |
| 武蔵 | 都筑 | 高幡・幡屋 |
| | 幡羅 | 上秦・下秦 |
| | 男衾 | 幡と（幡多？） |
| 常陸 | 新治 | 大幡 |
| | 河内 | 真幡 |
| | 茨城 | 大幡 |
| | 鹿島 | 幡麻 |
| | 那河 | 幡田 |
| 近江 | 野洲 | 服部 |
| | 神崎 | 小幡 |
| 美濃 | 安八 | 服織 |
| 因幡 | 法美 | 服部 |

| | | |
|---|---|---|
| 出雲 | 飯石 | 波多 |
| 備前 | 邑久 | 服部 |
| | 上道 | 幡多 |
| 備中 | 賀夜 | 服部 |
| | 下道 | 秦原 |
| 備後 | 品治 | 服織 |
| 長門 | 厚狭 | 小幡 |
| 淡路 | 三原 | 幡多 |
| 土佐 | 幡多 | |
| 豊前 | 築城 | 綾幡 |
| 肥後 | 飽田 | 加幡 |
| | 天草 | 波多 |

このうち服部は秦の民とは別系統とも見られるが、とにかく大陸から渡来した高い機織技術を持った人たちが、東北地方をのぞいてほぼ全国に分布するにいたった事実を見のがすことはできない。しかも

ここには郷を形成したもののみをあげたのであって、郷の中にさらに小さい集団をつくって住みついたものを数えあげれば、その数はさらに多かったと見られるのである。

と同時に生活をたてていく上に何よりも重要なものは衣食住の問題であり、人びとはまずその充実に努力する。従って染織の技術はより高度なものは非常な速力で分布してゆく力をもっていた。と同時にその技術ははじめは専門的な技術をもっていたものの地方分布と、そこから周囲への技術伝播を見ていったとも考えられる。もとより織布そのものが商品として伝播していく経路も考えられるが、織工の村が全国に分布したということは技術者の分散による技術伝播を考えざるを得ない。そしてその地帯では機が織られたばかりでなく、畑をひらいて桑をつくり蚕を飼い、また畑作も盛んになっていったと考えられるのである。

日本列島における久しい間の文化の停滞はこうして大陸から高い文化を持った人たちの渡来によってやぶられて来たと思われるが、それはひとり染織の問題にかぎらず、あらゆるものにわたった。しかもそれが日本民族の生活にもっとも大きな影響を与えたのは製鉄技術であろう。

# 一五　鉄の使用

鉄と製鉄技術の伝来のついてはこれまでこれを論ずる人も多かった。その人たちの研究にもとずいてふりかえって見ると、まず鉄の記事については魏志東夷伝弁辰の條に「国、鉄を出す。韓・穢《わい》・倭皆従って之を取る。諸々の市買皆鉄を用うること、中国の銭を用うるが如し。又以て二郡に供給す」とある。二郡というのは楽浪郡・帯方郡のことである。

日本で稲作がおこなわれはじめたころから鉄器が使用せられていたことは木製の農機具が弥生式遺跡から多量に出土していることで推定せられた。これらの木製農器具は鉄の刃物を用いなければ製作できないものである。しかも農具の基本的原型は今日使用せられているものとほとんどかわりないが、刃先に鉄をつけて用いたか否かについては、今日残存しているものは、鉄の刃先は用いなかったと推測せられる。したがって農具をつくるのに鉄器を用いたけれども、農具そのものに鉄を添加して用いることはなかったようである。

いずれにしても日本における米作の渡来には同時に鉄の文化がこれにともなって渡来し、鉄の使用にもとずいて稲作が発達して来る。稲は湿地にできるものであり、湿地の耕起は畑の耕起とおのずから異なるものがある。

原始的な農法としての焼畑を考えるとき、そこにはえている草木をやきはらうだけで耕起ということはほとんどなかったと考える。わずかにイモのようなものを植えるとき植穴をほっただけであろう。除草を考えないのだから、地面の全面耕起をすることもなく、またそういう農具も存在しなかったと見られる。

しかし定畑が発達すると全面耕起が必要になって来、犂が工夫せられてこれを牛馬にひかせた耕起がおこって来る。

稲作の場合には初期の段階では犂はなかった。スキということばはあって、それには鍬をあてている。が鍫をクワとよませている例もある。鍬も鍫も書き方はちがうがおなじ字である。和名鈔では鍫をクワ、鋤をスキとよんでいるが、和漢三才図会では鍬をスキ、鋤をクワとよんでおり、両者にははっきりした区別はなかったようで、関東南部地方では一般に踏鋤とよばれるものをオングワ（大鍬）といっている例もある。このようにクワとスキのことばのあいまいさにも関連して見られるように、スキもクワも人力農具の使用の仕方の差によっておこったことばの差であって畜力農具と人力農具の相違から来たことばではなかったと思われる。

さて稲作に刃先の広い農具が要求せられのは土を反転しなければならないからであり、土の反転は雑草の茂るのを防ぐためであったと見られる。そして湿地の土ならば刃先がひろく、また鉄刃を利用しなくても耕起は可能であったことから、木のみでつくられた農具がそのはじめ使用せられたのであろう。

鉄の利用が木を加工して生産や生活の向上につくした功績はきわめて大きいものがある。そしてその鉄の産地がはじめは南鮮地方であって、製鉄の技術も半島から日本へ伝わって来たものと考える。日本書紀神功皇后五二年の条にも百済の使者の久氐《くてい》が谷那《こくな》鉄山の鉄をとり、ながく日本の朝廷に奉る旨をのべている。

と同時に半島から鍛冶を業とする者も多く渡来して来たことが想像せられ、さらに国内でも、鉄の生産が見られるにいたった。常陸風土記によれば安是《あぜ》の湖では砂鉄がとれ、また播磨風土記にも鉄を出すという記事が二カ所あって、鉄を出していたことがわかる。※

これら鉄の生産者には韓鍛冶部と倭鍛冶部の区別があったが、倭鍛冶というのは在来の鍛冶ということではなく、大陸からの渡来がさらに古く、すなわち稲作が日本に渡来したころ、日本に来た鍛冶工の子孫を目した呼称ではないかと思われる。

さて、鉄器がわれわれの生活の中へひろく入り来んで来るのは、弥生式時代につづく古墳時代である。そして前期時代の古墳からすでに鍬先が出ているが、U字型の鍬先は後期古墳から出ており、犂も後期になるとあらわれて来る。また斧・手斧・鋸・ヤリガンナ・ノミ、鎌のようなものも副葬品の中に見られるのであるが、それらの中に見られる工具の発達が、いろいろの木製品を生み出していったであろうことは想像にかたくない。そして鉄器の発達が、これを使用する多くの工人を生み出していったはずである。弓削部・石作部・矢作部・車持部・勾筥作・工部・船戸・箱作部などはいずれも鉄器を使用する工人の群であったと思われる。

さらにまた鉄の出現が征服王朝をも成立せしめたと思うのである。征服王朝のまえに祭祀統一国家がすでに存在していたことについてはさきにものべたが、それが武力によってより強固な統一体になっていったことは江上波夫博士による騎馬民族国家説が信ずるに足る根拠を持つとすればまた容易に肯定できることになる。

同時にその征服が単なる武力統一だけでなく、生産統一にもつながるものであろうことは『令集解』の禄令に見える記事の中からも考えあわされて来る。それによると「およそ在京文武の職の事、および大宰・壱岐・対馬皆官位により禄を給う。八月より正月にいたる。上日一百二十日以上の者に春夏の禄を給う」とあり、正従一位から小初位までの官位に応じて絁《かとりぎぬ》・綿・布・鍬（鍬）をたまわっているのであるが、そのうち鍬のみについて見ると、

| | | | |
|---|---|---|---|
| 正従一位 | 一四〇口 | 正従二位 | 一〇〇口 |
| 正三位 | 八〇口 | 従三位 | 六〇口 |
| 正四位 | 四〇口 | 従四位 | 三〇口 |
| 正五位 | 二〇口 | 従五位 | 二〇口 |

正六位　一五口　従六位　一五口
正七位　一五口　従七位　一五口
正八位　一五口　従八位　一〇口
大初位　一〇口　少初位　五口

とあり、「秋冬またかくのごとし」とあるから秋冬にも給禄があったわけである。

これらの鍬は貴族たちが、その所有する農民に与えて農耕にあたらせるためのものであったとも考えられる。もしそうだとすれば貴族たちはすぐれた農具をもつことによって農民を統率し、高い生産をあげていたものと理解せられる。と同時にこのようにして稲作農耕国家は成長していったと見られる。

また『令集解』の喪葬令によると職事官の薨令にあって賻物《ふもつ》がきめられている。賻物というのは香奠にあたるものであるが、これは絁・布・鉄から成っており、その鉄のみについて見れば

正従一位　一〇連　正従二位　八連
正従三位　六連　正従四位　三連
正従五位　二連

となっており、六位以下には鉄がない。連というのはどういうものであるかあきらかでないか、『令義解』には鋌とある。鋌は鉄一〇斤をもって一鋌となすとある。貴族の死にあたって古墳の中にこれを副葬した。

奈良市の西方にウワナベ古墳という大きな前方後円墳がある。五世紀初頭につくられたもので、陪塚をともなった堂々としたもので奈良県下では五番目に大きい。ところがこの古墳には人体の埋葬は見当らず。鉄製品と鉄鋌《ねりがね》がたくさん出て来た。このネリガネには二種あって大形のものは一個四五〇グラム。それが二八二枚もおさめられており、小形のものは一個二二グラムほどの小さなもので五九〇個あった。

この古墳にかぎらず、おなじ時期の古墳にはネリガネや鉄製品をおさめたものが多く、『令集解』の記事を裏付けしているのである。

これらのことから考えて織布と鉄を持つものが支配者としての地位を保つことができたのだと見られる。鉄は武器として、利用せられることが多かったが、天皇が給与として官人にたまわる場合には農具としての鍬を給うことが多かったのは注目すべきことであり、令として定められたもののほか日本書紀、続日本紀などには功のあったものにこれをたまわった記事がいくつも見えている。

当時貴族あるいは豪族といわれるものはそれぞれ広い田を所有しており、その水田耕作のために多くの農民をかかえていた。したがって、鍬はそれからの水田経営にあたって、貴族にとってはなくてはならぬものであったはずであり、それは武具同様に重要な意味をもっていたのである。

しかし重要なことはすべて鍬が給与されているのであって犂の記事は見えない。これは存在しないのではなく、すでに存在してはいたけれどもきわめてわずかであったと見られるのである。つまり弥生式時代稲作とともに入って来た農法は人力を主としたものであったと推定せられる。

そしてこの時代までは水稲栽培も、湿田の一毛作がほとんどであり、時には刈株から芽が出てみのったものをも刈りとる二期作も多少存在したかと思われるが、おそらく直播であったと考えられる。深田での移植はそのこと自体がきわめて困難であったとともに、稲作のまえに畑作―とくに焼畑作が先行していたとするならばそこでは直播が主で、移植はほとんど見られない。したがって畑作直播技術がそのまま水田稲作にも移行したことが考えられて来る。

大陸では鉄器文化のまえに青銅器文化が存在した。しかし日本では青銅器は鉄器と重なって行われ、青銅器のみの時代はほとんど存在しなかった。生産の上からすれば石器からいきなり鉄器へ移行していったと見ても差支えないのである。

## 一六　犂耕の持つ意味

日本へは稲作の技術が二度渡来したのではないかといわれている。はじめのものは人力のみによる稲作であり、後のものは犂耕をともなったものである。

日本には古くから馬は存在していたと見られており、その化石も出ている。しかしその馬はきわめて小さかった。もっとも古いと思われる馬がいまも鹿児島県十島村宝島にのこっている。もともとは奄美大島にいたものを宝島に移入し、奄美大島では絶滅したが、宝島にはのこった。日本に古く分布していたのはこの馬種であったといわれる。※

それよりやや大きいものが大陸から渡って来た。いま対馬に少数のこっているが、もとは隠岐や木曽地方にも見られ、さらに中世以前に日本に分布していたのはこの馬であっただろうといわれている。先年鎌倉材木座でたくさんの人骨の発掘されたとき、同時に出て来た馬の骨も小さいもので、その頃まで武士の乗っていた馬はきわめて小さいものであったことが知られる。人が馬に乗るにしても一頭の馬だけでは馬がつかれてしまうので、多くは替馬をひいていったものである。

このように小さい馬は犂耕には適しなかった。畑作ならまだしも深田では犂をひく力は乏しかった。車をひく力すらも十分にあるとは言えなかった。だから馬を犂耕につかうことは近世初期アラビア馬の血をいれて馬の体格を改造するまでは、ほとんどなかったと言ってよい。

種子島へ犂耕の入ったのは明治三十年代であるが、それまでは馬はいても犂耕につかうことはなかった。馬形が小さく深田がほとんどであったからである。その馬を五・六頭首をつないで横にならべて田の中を歩かせることがあった。馬によく泥田をふませると犂耕したのに違いないような効果をあげることができた。これをホイトウといった。

種子島では明治三十年代までは田植をおこなうことがなかった。ホイトウのあとをならして籾を直播したのである。ただし北端の国上神社の神田と南端の宝満神社の神田では田植がおこなわれた。犂耕をおこなわないで馬に田をふませる風習は種子島だけでなく、屋久島にもあったし、長野県木曾谷でも大正時代まで見られた。木曾馬も体形の小さい馬であった。

能登地方も明治時代まで犂耕はなかった。田へ馬をいれることはあったが、犂のかわりに石をひかせて田をねりあるいた。馬は一頭のこともあるが、三頭くらいまでいれることもあった。ここでは馬のくびをつないであるかせることはなかったようである。

青森県下北半島は明治三十年頃まではほとんどヒエをつくっていたところであるが、ここでもやはり馬の首をつらねて田の中をあゆませたそうである。たいてい三頭くらいをつらねていた。

馬の体形が小さかったころ、馬を水田でどのようにつかっていたかということについての資料はほとんどあつめていない。しかしわずかばかりきいただけでも、馬に犂をつけてひかせることはほとんどなかったようである。そしてしかもこのような事実が示すように、このように馬に土をふませる農法は馬の体形の小さいところではひろく見られたのではなかっただろうか。そしてそれは馬の分布と密接な関係をもっていたはずである。

ヨーロッパ社会では馬の利用はきわめて盛んであったが、日本では馬にかわるものは牛であった。牛の中には体形の小さいものもあったが馬よりは一般に大きく、力もあった。そこで犂耕には牛を用いた。ところが牛の分布にもまた限界があった。

牛は朝鮮半島から三世紀の半ばごろ移入せられたといわれる。はじめは原野に放たれたままであったが五―六世紀の頃にはそれをとって家畜にし荷物運搬にもつかい、犂耕をともなう稲作の発達にともなって、平地農家ではなくてはならぬ家畜となっていった。

水田の条里制は七世紀半ばの大化新政にはじまるといわれているが、実はそれ以前に水田を短冊形にすることはおこなわれはじめていたと思われる。水田の短冊形整理は犂耕の便利を考えてのことが最初の動機であったと考えるのである。水田は長辺を六〇間、短辺を六間に区切ったものを一反といった。

このほか三〇間に一二間の型のもの、二〇間に一八間の型のものなどがあるが、これは地形によって田の形をかえたものと思われる。と同時に犂は使用しないが馬鍬を利用するものもあったはずで、馬鍬のみ用いる場合には水田は短冊形でなくてもよかった。

また犂耕のおこなわれなかった水田は一般に形が小さく面積がせまいのであるが、犂耕のなかったと見られる静岡県登呂や、琵琶湖大中の水田遺跡は一枚の水田が一反（一〇アール）にものぼっていて、一般に予想をこえる大きさである。しかも今日静岡県に見られる水田は一般に小さく、三―四アール程度のものが多い。耕地整理せられたものでも一〇アールに達するものは少ない。これはいったいどうしたことであろうか。神奈川・静岡・愛知県は日本でも水田一枚一枚の面積の小さいところで、したがって犂耕もそれほど盛んにおこなわれてはいなかった。

水田が小さいということは人力耕作の能力と関係するところが多かったと見られるが、それ以外にも籾直播と関係がありはしないかと思っている。東北地方に最近までひろく見られた通し苗代は一般に一枚一枚の面積がきわめてせまかった。その耕耘のときは苗代の中に入るのであるが、多くは腰を没する深田であった。そしてそこに籾をまくときはかならず畔からおこない、苗代の中に立つことはほとんどなかった。

ところで神奈川県・埼玉県・群馬県へかけては、もと谷間の湿田が多くその湿田地帯には直播のおこなわれていたところが少なくない。これを神奈川県ではツミ田といっており、埼玉県大宮付近ではスジマキといっていた。スジマキは苗代の籾まきを意味する例が長野、新潟にかけて見られるが、直播田がいずれも小さかったことは、やはり畔から籾をまくためであったかもわからない。

苗代の籾まきは男のおこなうところが多い。東北地方では今日のように温床苗代になってからはかわって来たようであるが、通し苗代※時代には私の見たかぎりではほとんど男であった。籾直播地帯でも、籾まきをするのはほとんど男であり、その地帯で後に田植がおこなわれるようになってからも田植は男が中心になっている例が少なくない。

もしこれが古くからの習俗の名残と見るならば、直播時代の水田は小さくせまかったと見るのが妥当のようであるが、さきにも言ったように登呂の水田はかならずしも小さくない。さらに私の頭をなやますのは、その当時一枚が一〇アール内外もあったものが、その後三—四アール程度の小さいものにかわったかということである。

いずれにしても一般に平坦地の一枚の水田が一〇アール内外にまで大きくなって来るのは犂耕がおこなわれるようになってからであると思われる。そして犂耕はそのまえ畑でおこなわれていたものが水田に移行し、あたらしい稲作をよびおこしたのではないかと考える。

犂耕は湛水農法から灌漑農法を生み出していく。湛水農法はいつも水田に水のたたえられているものであるが、灌漑農法は、水をなくして畑状態にしておいて犂耕をおこない、そのあとで灌漑するものである。このようにして畑作農耕の手段が水田にとり入れられた。と同時に水田の形も大きくなったと見られる。その水田を長方形にすることも犂耕の能率をあげるためであった。当時の犂は長床犂であった。長床犂は牛をまっすぐに歩ませて田を耕起するのに適する。当時ひらけていた水田の大半を犂耕に適するように整地しなければならなかったのは、農耕の能率をあげ、生産を高めようとしたからであって、しかもそのように整地せられた水田が八世紀の終頃には七〇万ヘクタール近くあったと見られているのである。

そのほかにも整地せられない水田が多数にあったと見られるが、とにかくこのような一種の農耕革命のおこなわれたのは新しい農耕技術の伝来を考えずしては解決し得ない問題であり、同時に犂耕の導入が農業の進歩を大きくうながした。稲作に稲移植──すなわち田植が導入せられたのもこの時期ではなかったかと思っている。

そしてまたこのような農業革命を遂行し得たのも実は全国にわたって鉄の産出が見られるようになっ

たためであろう。

それではどこどこから鉄を産出せられていたかは十分あきらかでないが、延長五（九二七）年に完成した『延喜式』巻二六 主税上の「禄物価法」に諸国の産物が稲に対値されたものが見えている。そのうち、鉄関係のもののみをあげて見ると次のようになる。

| | | 稲 | | 稲 |
|---|---|---|---|---|
| 畿内 | 鍬一口 | 三束 | 鉄一廷 | 五束 |
| 伊賀伊勢志摩相模 | 鍬一口 | 三束 | 鉄 | 七束 |
| 駿河 | 鉄 | 五束 | | |
| 伊豆 | 鉄 | 五束 | | |
| 近江美濃 | 鉄 | 五束 | | |
| 信濃 | 鉄 | 六束 | | |
| 下野 | 鍬 | 二束五把 | 鉄 | 五束 |
| 陸奥 | 鉄 | 一四束 | | |
| 出羽 | 鉄 | 一四束 | | |

|  | | | | |
|---|---|---|---|---|
| 若狭越前<br>加賀能登 | 鉄 | 六束 | | |
| 越中 | 鍬 | 一束五把 | 鉄 | 七束五把 |
| 越後<br>佐渡 | 鍬 | 二束 | 鉄 | 六束 |
| 丹波・丹後・因幡・伯耆・播磨・美作・備前・備後・周防・長門・淡路 | 鉄 | 六束 | | |
| 但馬<br>備中 | 鉄 | 五束 | | |
| 出雲石見<br>隠岐 | 鍬 | 二束 | 鉄 | 四束 |
| 安芸 | 鉄 | 四束 | | |
| 紀伊 | 鉄 | 八束 | 鍬 | 四束 |
| 阿波 | 鉄 | 六束 | | |
| 讃岐 | 鉄 | 六束 | | |
| 伊予 | 鉄 | 五束 | | |
| 土佐 | 鉄 | 一〇束 | | |

以上の国々には多少にかかわらず鉄の産出が見られたものと思うが、それらのほとんどは砂鉄を精錬したものであろう。とにかく、わずかずつでも鉄を産すればそれによって土木工具もつくられ、土木工具をつかって条里田や灌漑工事などをおこなうこともできる。そしてその大工事を完成することによって律令国家もまた成立したのである。

と同時に物価が稲の束把で換算せられているところからしても十世紀ごろには稲作を主体にした経済機構が見られるにいたったことを知る。

## 一七　山村と交易

今までは主として記録にもとずいて過去をふりかえって来た。それは、どこまでも為政者たちから見た世界であった。為政者の目のとどくところには一応為政者の意志はおこなわれていたが、為政者の目のとどかぬ世界もまた広かったし、まずしいものたちはできるだけ為政者の目のとどかぬところへのがれようとしたものである。自給を原則として成立した社会では労力は価値として評価せられなかったものである。

戦前各地をあるきまわっていたころどんなところへいって見ても、その家につくられているものをもとめて、代金をくれと言ったものはなかった。

「これは自分の家でつくったものだからタダです」

といったものである。自給のためにつくったものはすべてタダであると人は信じていた。また職人でないものに手伝ってもらって金を支払うということはほとんどなかった。たべさせてもらえばそれでよかったので、労力そのものが村の中で金になると考えるものはほとんどなかった。

支配者も労力はただ同然のものと信じていたから、あらゆる機会に農民たちを公役につかった。それを迷惑と思っても拒むことができなかったのである。しかも自給社会では実に多くの労力を必要とした。生活に必要なもののほとんどは自分の手で作り出さねばならなかったからである。しかしただ自分たちがたべてゆくだけであるならば、そして夫役労働などに狩り出されなくてすむならば、家族だけでささやかな生活をたてることも可能であった。

それは山中に多く見られる落人の村とよばれるものがその事実を物語ってくれる。そういう村はほとんど税はおさめていない。そして皆つつましくくらしている。奈良県十津川は江戸時代にもほとんど税をおさめていなかった。そこには村の中にこれという中心をなす豪族もいなかった。皆おなじような暮しをたてているものたちがそれぞれ村をつくって住んでいた。それは決して近世に入ってからのことではなく、それ以前からのことであったと思う。

落人の村には中心になる旧家のある場合もあるが、その家が村の中で特別に権力をふるっているというような場合もそれほど多くない。税がかからぬから、公役が少ないから富んでいるというわけにはいかないが、人が人に束縛せられる関係は少ない。だからまずしいもの、係累の少ない者たちはできるだけ政治の手のおよばないところ、権力者の力のおよばないようなところにのがれようとした。

しかも人の支配している社会は、人の手の加わっている範囲であって、その外側にひろがる空閑は誰のものでもなく、神の支配する土地であると考えているものが多かった。

山麓から谷奥、あるいは山頂につづく自然のごときも、山麓の畑地草地などをのぞいて、そこから奥は別の世界と考えていた時代は久しく、そこを利用するために神からゆずりうける儀礼をおこなえば自分のものとして利用してもよかったから、豪族が奴婢をつかって開墾をすすめていった例も多かったであろうが、少人数で山中に入って共同開墾するものもあったはずである。とくに焼畑耕作民の定住したような村には政治圏の外に成立していたと見られるものが少なくない。

そういう山中ばかりでなく里に近いところにも開墾の余地はのこされていた。淡路洲本市の西南地帯をあるいて見ると、田の中や畑の中に小さい森がいくつものこっている。その中には小さい祠がある。きいて見るといずれも山の神であるという。田の中や畑の中に山の神のあるのはおかしいようであるが、この山の神は山口の神である。近畿地方には山の入口にあたるところへ山口の神をまつる風習は多くて、延喜式の神名帳を見ると、山城に一社、大和に一四社をかぞえることができる。※淡路の山の神も同様のもので、そこが耕地と山林の境であったようだが、山口の神の祭祀地をこえてその奥の山林を切りひらいてゆくことによって山の神が耕地の中にのこされ、別にまた新しく山の入口となったところに神をまつる。やがてまたその奥がひらかれて、耕地の中に神の森がのこされるようになっていったのだと、土地の人は話してくれたが、他の地方でも同様にして未墾の地の広いところはきりひらかれていった。そしてそのような開墾は淡路三原地方においては十五世紀から十六世紀にかけて盛んにおこなわれたようである。この地方の武士たちの参加した開墾の多くは畑地である。水田は早く十世紀前後にひらけていたが、武家政治時代以後は水田につづく山林の開墾がすすんでいった（護国寺文書）。つまり名田はより条件のわるいところに成立してゆく。こうした開墾の過程の中で、さきの山の神が耕地の中へとりのこされることになったのだと思う。

このように耕地拡大の余地のあるところでは分家を出すことも容易であったが、開墾が奥地に進むにつれて生活は不安定になって来る。土地の生産力は低く農耕だけでは生活がたてられにくくなるからである。その上飢饉におびやかされることが多くなって来る。その不安定なものを何かでカバーしようとすると、一つは村の中に有力な家を持ち、その家によって窮迫のときを支えてもらうことであり、今一つは他の社会と交易をすることである。小さな村一つだけで生活をつづけてゆけるものではない。

交易をおこなうためには既存の社会へつながらなければならなくなる。また村を外敵から守るためには大きな力にたよらなければならなくなって、いったん政治圏外に逸出して発達した社会が、また政治圏の中へくり入れられてゆくことになる。このようにして政治的な権力は次第に隅々にまで浸透していったのである。

とにかく新開地の経営はむずかしいもので耕地は拡大しても生産に安定性を欠いていたために、本家または親方の家にたよらざるを得ない場合が多く、東日本に見られる父家長的な同族結合や親方の家を中心にした同族的結合はこうした社会状況によるものであろうが、街道などの発達にともなって農間稼のふえたところではこのような結合は徐々にくずれて来ることになる。

山麓または台地の村のさらに奥に立地する村々はその初から自給は不可能に近いものが多かった。山林を利用して木地ものをつくったり、曲物をつくったり、あるいは屋根板などをつくる村々である。それは中間帯や平野の村でも必要なものである。そういうものをつくる村の数は意外なほど多かったのではないかと思う。つまりこれらの村はその初から交易を必要としていたのである。そしてそれは交易を通じて中間帯・平地帯の村とも結びついた。

とくに平地の村では不足する物資が多かったことによってそういう品物を行商するものが多く入込んで来る。それが最初から行商であったか、または物品の交換であったかは明らかではない。

奈良県天川村に坪之内という弁天社がある。ここの社家は山伏であり、大峯山の先達などしていた。それで平野地方に多くの旦那場をもっていた。その旦那場へ正月になるとお札と麻笥《おぼけ》を持って挨拶にいったという。麻笥はヒノキをまげてつくった桶である。その桶に女たちは麻を績《う》んでいれた。曲物の麻笥など今日近畿地方では全く見かけなくなってしまっているが、山中の民はその制作した曲物を平野の人たちに配ることによって旦那場を維持したのである。

信仰に関する山中の民がそこで生産するものを持ちあるいて檀家にくばった例は少なくないようである。おなじ天川村洞川《どろかわ》の山伏たちは陀羅尼助という薬を持ちあるいたといい、また柄杓をもちあるいたともいわれる。また吉野の山伏たちは吉野葛をもってあるいている。後には土産として現地で売るようになって来るが、そのはじめは山中から持って来て他の必要なものと交換したり、または売ったりすることが多かったであろう。山中の宗教者も、もともとは宗教のみによって生きたのではなく、生業を持っており、その生業にともなって信仰をも持ったものではないかと思う。信仰のみによって生きる聖たちも考えられるけれども宗教者自身も何らかの生業をもっていなければ生活をたてることは困難であったはずである。

享和二年(一八〇二)、中国九州路をあるいた吉田重房(名古屋の商人で菱屋平七といわれた)の『筑紫紀行』によると、英彦山にのぼったとき「家主出て、けふも猶険しき山道に候へば、駕篭に乗り給ひて出立給へとあながちにすすむる故に、ともかくもはからひつよといへば、やがて人足共参りて候と告しらす。さらばとて立出て見れば、彼人足共は、二人共に入道なり。いと怪しくて、いかなれば髪そりたる身として駕篭かくぞと、供の男をしてとはしむれば、人足共うち笑つつ、拙僧どもは此彦山の山伏にて候が、人足に出たるにて候といふ。山伏の人足にいづる事聞も及ばぬ事にて、いとめずらしさに近くまねきて、山伏の身としていかで人足には出られたるやと又問へば、両僧口をそろへて、此山には坊舎多く、さる故に無禄無旦の山伏も数多候へば、さる輩は大方塗師を業とし、塗師せざる者は諸職のうち何業なりともし、或は杣或は樵などもなりはひとする事にて候。しかれども奥山にて平生とんと銭をまうくる事難く候故に、銭だに早くまうけらるる事に候へば、人足のみならず、何業にてもする事にて候。」とあって山人としての生活をたてていたことがわかる。

出羽三山のうち本道寺・湯殿の山伏たちも山形と庄内を結ぶ道の荷持ちをして生活をたてていたというからそうした荷持ちなどする者の中にも山伏の仲間が多かったのであろう。

福井県石徹白《いとしろ》の白山中居神社の御師たちはお守りや牛王札のほかに、植物の黒焼を持って旦那場をあるいた。※植物の黒焼は吉野洞川の陀羅尼助のように薬として用いられたものである。

宮島の杓子などももともとはこの島の山伏たちの生産していたものであっただろう。いま一面の松山になっているけれども、もとは広葉樹が多かったといわれ、そうしたものを材料にして杓子をつくっていたのではなかったか。

山中に住むものは焼畑などによって食うだけのものは作ったであろうが、そのほかに交易できるものをつくることによって山中にも住むことができた。また峯越の道のあるところでは荷持ちをすることでも生計をたてることはできた。

# 一八　海と山とのつながり

山中に生きるものが交易を必要とし、その中でも塩が重要なものの一つであったことは『山に生きる人びと』のはじめにふれて来たところである。そしてまた山民の職業についても考えてみた。山民にはいろいろの職業があったが、いずれも交易を目的とした。杣・木挽・本地屋・杓子、鍬柄つくり・サンカ・マタギ・鉄山労働者・ボッカなどがその主なものであったが、その歴史はいずれもきわめて古い。

山中にいろいろの職業のあったことは、そこでつくられた品物を必要としたものがたくさんいたからである。そしてそれをもっとも多く必要としたのが野の人びとであったといっていい。そこに両者の間に当然交流がおこって来る。そのときただ人と物資のみが動いたであろうかというに、それだけではなく、それ以外に信仰や信仰にともなう芸能が動いたと見られる。

話が飛躍するけれども高い形のよい山がその山の裾の村々の人にあがめられているばかりでなく、海岸の人にも厚く尊崇せられている例が多い。それは山が海人たちの目じるしになるためであった。南の方から言って薩摩半島の開聞岳などはその一つであった。三角形の山姿が、海上から見るときはよい目じるしになる。その山のはるかに見える屋久島の人たちはお開聞とよんでいて、ただ開聞とよびすてにはしていなかった。

それは屋久島の人だけではなく、それから南の島の人びともお開聞とよんでいた。島から島をたどって南から北へとすすんで来たとき、このお開聞を見つけると喜びの声をあげ、またこの山を拝んだという。おなじ半島の西部にある野間嶽もそうした山であった。十五世紀後半から日明貿易の発達にともなって、南海路とよばれる九州・四国の南を通って和泉の堺にいたる航路がひらかれてからは、それらの船の重要な目じるしになり、この山は明人にまであつく信仰せられたといわれている。

このような海岸にある形のよい高い山が船人に信仰せられる例はきわめて多く、海岸にそういう山があればすべて信仰の地と考えてよいのであるが、内陸にあっても海人たちの信仰をあつめたものが少なくない。それは沖合へ出ればよく見えて、やはり船人の目じるしになったからである。四国の西海岸をあるいていたとき、私は五十すぎの女の行者に出逢ったことがある。その女の言うことは私には荒唐無稽のように思えて信じられなかった。彼女の話は神々の霊験談であった。この女は海岸の村々を祈祷してあるいているのである。その海岸の村には信者が多いようであった。白衣を着、笈《おい》をおい、首に長い数珠をかけていた。この浦をあるきはじめて二〇年あまりになるという。彼女の信仰する神は愛媛と高知の堺にある大野ガ原の南側にまつられている海童《わだつみ》神社であるという。そのような山中に海童神社のまつられていることに私は興をおぼえていた。私はこの老女にあうまえに、愛媛県大洲からあるきはじめて、大野ガ原の西を通り、高知県檮原《ゆすはら》の四万川《しま》という村へとまった。そこで海童神社の話をきいた。その話の中にも海岸の漁師たちの信仰があつく、海岸地方から何十人というほどの人が毎年参拝に来るとのことであった。中にはこの山の神にたすけられたといって多額の寄進をしていくものもあった。

それから一〇日あまりたったとき、この老女に出逢ったのである。信じ難い部分は信じないことにして、その老女にいろいろきいて見ると、三十すぎのとき亭主に死なれて後家になり、それから身体をわるくし、子供がなかったので人にすすめられるままに海童神社へおこもりをして水ごりなどとって祈っていると神のおつげがあるようになり、この神のおつげをききたい人が海岸の村々に多いので、まわっているのだという。彼女のやっているのは漁祈祷であり、漁占であった。この海岸をあるきつづけて二〇年、村人たちに見すてられていないのだから、人びとを信じさせる何かをもっているのであろうが、山中の小さな社が、このような人を仲だちにして海岸の人に結ばれていたのである。

これに近いような話を岩手県早池峯の麓でもきいたことがある。早池峯山を信仰するものは三陸海岸の人が多いという。その海岸の人びとが沖へ出たとき目じるしにする山がこの山であった。そしてこの山を信ずることによっていろいろの霊験があったという。その信仰の仲だちをしているのがやはり巫女のようであった。三陸の海岸地方にはカミサマとよばれる目の見える巫女が多かった。それが漁占や漁祈祷などもおこなっていた。その神をおろすときにオシラサマをつかうことが少なくなかった。オシラサマは盲目の巫女だけがあそばせたのではない。

オシラサマの中には巫女の持っているものもあれば家にあるものもあった。巫女の持っているものは、それを弟子に引きつぐものもあったが、弟子のないときは神社などにおさめることにしていた。私は神社におさめられたオシラサマをいくつか見たことがあったが、早地峯神社の絵馬堂にも二組か三組あった。神主さんの話ではもとは何十というほどおさめてあったという。それをいつの間にか誰かが持っていった。

ここにオシラサマをおさめたのは遠野地方の人たちではなくて、三陸海岸の巫女たちであった。遠野地方のオシラサマは家々にあって、それぞれの家にうけつがれてゆくことが多く、不要になったものを神社に奉納する例は少ない。三陸の巫女たちは早池峯の社へはよくまいったもののようである。おそらくこの巫女たちを仲だちにして早池峯と海岸の人たちは結ばれていたのであろう。ひっそりとした山中の世界が海岸地方と密接に結びつく要素のあったということは、文化を見、考えてゆく上にいろいろの暗示をあたえてくれる。

そこでもう一つの例をあげておこう。加賀の白山なども海岸地方からはずいぶん遠いところにあるように思われる。しかし漁民たちが沖へ出て見ると、よい目じるしの山であった。私は若いころ福井県の海岸をあるいたことがあって安島というところへゆき、そこの沖にある雄島という島を船でまわったことがある。〔「加越海岸遊記」(『旅の手帖〈村里の風物〉』宮本常一　八坂書房　平成二十二年)〕いまこの島には橋がかかって観光地になっているが、もとは神の島として尊崇せられていた。その島の沖から見ると、白山は高くそびえて美しい姿を見せていた。

「あの山がはっきりと姿を見せているときは海は大丈夫です。しかし今日は沖に時雨があるので波が高い」

と老人は語ってくれたが、この海岸の人たちはこの山に対して深い尊崇の念をもっており、白山神社にまいる人は多い。ただこの地方は十六世紀以来真宗の盛んなところで、巫女のようなものはいない。個々のものが仲間をつくって参拝する程度であるが、その数は少なくなかった。安島のあたりからであれば勝山の奥の平泉寺へまいった。そこに越前口の白山神社があった。

考えて見れば日本は広いようでも狭い国であった。安曇連《あずみのむらじ》にひきいられた海人たちが、信濃北部地方に入って定住したことなども海人が山を一つの目あてにして漁業を営んでいたことに原因があるのではないかと思っている。そしてそれは安曇連につながる海人だけではなくてもっと多くの人が海岸から山に入る機会をもっていたのではないかと思われる。

海人の住んだところを海部郷といったが、『倭名鈔』によって海岸以外に海部郷のあったところを見てゆくと武蔵多摩郡に海田《あまだ》があり、信濃小県郡に海部《あまべ》がある。また海部成立以前から海岸で魚介をとっていたと思われる磯部の内陸に移住したと思われるものに、美濃席田《むしろだ》郡と上野碓氷郡の磯部がある。※一郷をなすほどの人が山間に移動を見ていたわけであるが、あるいはこの人たちは塩の中継のために山中に住みついたとも考えられる。

そのほか海岸の民が山中に入りこむ機会はずいぶん多かったであろう。魚塩の山中輸送は古くから見られたのであるから。そして山中の大社でも諏訪の社のように野獣のいけにえを奉るものもあるが多くは魚をそなえて祭をしているのである。そしてそれは記録でさかのぼられるかぎりはそうなっている。

同様に山中の者もまた海岸とふかいかかわりあいをもっていたはずである。はずという言い方はおかしいが、塩を海岸から得るとすれば海岸との交渉をもたざるを得ない。大和吉野地方の山中では昔は子供が生れると、東の伊勢の海か、西の和歌の浦の海まで海水をくみにいったものだそうである。そしてお七夜のとき、その海水でゆあみさせてきよめた。海水でなければほんとうのきよめはできないと考えられていたのである。

また、大阪府の和泉や河内の山中でも、同様に子供の生れたとき海岸へ潮水をくみにゆく風習があった。それは竹をきって節を一方にのこした潮タゴで汲んできたもので、その汲んで来た潮水を子供の額につけてやり、竹の潮タゴはお宮の神垣などにかけておく。それが風雨にさせされて朽ちてゆきつつあるのを和泉山脈中の村々の社で、もとはよく見かけたものであった。なぜ海水でなければいけないのか。そのことについて答えてくれるものはなかったが、山中に住むものといえども海とふかいつながりをもっていたことを物語るものであり、あるいは海岸から入って山中に住んだ者の海岸居住時代の習俗の延長と見られないこともない。

そのことについては後にもう少し考えて見たい。

## 一九　山の道

山中で船をつくる話は『山に生きる人びと』の中でもすでに書いたところであるがもういちどふれて見たい。海にうかぶ船はいずれも木でつくられた。しかもその船はもとは丸木造が多かった。丸木造は大木でなければつくることができない。

船材となったものはクスノキ・スギ・マツ・タブ・カヤなどが多かったが、千葉県各地から発掘された縄文期の丸木船はカヤを用いたものがもっとも多い。

そして鉄器を持たないでこのような船をつくる場合には石斧で大きな木も伐りたおしたであろうが、これをくりぬくには火をたいて次第に焼こがしつつ削っていったものと思われる。そのような方法は江戸時代までは伊豆の島々でもおこなわれていたという。伊豆大島の差木地できいたところでは、幕末のころまでは大島にも丸木船があって、それは大きな木を伐りたおして、一定の長さに伐ったものを、幹の上になった部分の上で火をたいて炭になるとそれをけずりとり、さらに火をたいて焼きくぼめていって造ったものであるという。丸木舟にかぎらず、立臼のようなものもそうして造ったと話していた。それは鉄器の使用できる時代での話であるけれども、基本的にはそこに古い造船技術を見ることができる。船をつくるに足るような大きな木はもとは海岸に近いところにもたくさんあったであろう。丸木船をもっとも多くのこしている種子島では昭和二十年頃までは島内いたるところにゴヨウマツの大木があった。それを伐って丸木船をつくった。そのようなマツは戦時中に伐ってしまって、いま造船の可能なものは一本のこっているにすぎないといわれる。丸木船の消滅は丸木船を造る大木の消滅につながるものであるが、そういう木はまず海岸地方で姿を消し、やがて山中でもきえていった。しかし大木がほんとに姿を消したのはあたらしいことで、明治初年には九州の沿岸だけでも千艘にのぼる丸木船があったといわれる。

それよりさらに古く、十六世紀の中頃毛利氏と大友氏が九州門司で戦ったとき参加した軍船の大半が丸木造であったという記録もある。大きな商船をのぞいて、漁船や小形渡海船の多くは丸木造であったものが大半であっただろう。そしてそういう船ならば素人同様のものでも造ることができたのであるが、木をつなぎあわせてつくる構造船の造船には高い技術が必要で、在来の日本人の中にその技術を持っていたものはなかった。それは今日出土している弥生式以前の船について言えることである。

日本で構造船の出現は鉄器が使用されるにいたって後、新羅の船匠の渡来によるといわれている。新羅の船匠は摂津猪名川のほとりに住みついて、猪名部を称した。どういう形の船をつくったものか明らかではないが、宮崎県西都原古墳から出土した埴輪の船は比較的よく当時の大形船のおもかげを具現しているものではないかと思われる。トモとヘサキを高くして、船べりに棚もつけている。そして真檝《まかじ》しじぬき※といわれるごとく、檝をこぐための杭〔艪杭〕も、船べりに一二ついている。帆は用がない。船底は平である。

このような船がさらに堅固になり大きくなって来るのは大陸との往来が盛んになって来てからであろう。大陸との往来は、まず軍船の半島への進出、ついで遣唐使船の渡航が見られるようになるが、遣唐使船で注目すべきことは天平四（七三二）年に遣唐使船建造の詔勅が出るが、その割当てられた国が近江・丹波・播磨・備中となっている。このうち海に面しているのは播磨だけで、あとの三国は山中の国である。これは山中から木を伐り出して海岸で船をつくったものか、あるいは山中で造って川を下して海にうかべたものかあきらかでない。その後の造船地は安芸国になっている〔続日本紀（聖武紀）〕。強いて想像をたくましくするならば、山中であらましをつくって川を下したものではないかと思われる。山中で木を伐り、板にし、組みあわせて船の形にしたものを川を下す方があらゆる点で手がはぶけるからである。

船形埴輪（宮崎県西都原古墳出土、国立博物館蔵）

そのまえ、白雉元（六五〇）年に第二回目の遣唐使船がつくられたとき、倭漢直県《やまとのあやのあたひあがた》、白髪部連鐙《しらかべのむらじあぶみ》、難波吉士胡床《なにはのきしあぐら》を安芸国に遣して百済船二隻を造らしむという記事が日本書紀〔巻二十五〕にある。百済船をつくったこれらの人たちはその技術をもっていたものと思われるが、難波吉士胡床をのぞいては海岸に住んでいた人とは思えない。すると内陸居住者の中に造船技術を持った者が居たということになる。

今日では船は一般に海岸でつくられるように思っているが、古くは内陸・山間でも造られることが多かったと見られる。そこに造船に適する大きな木があるということによって。

何よりもよき船材を得るということが船をつくる場合の大切な条件になる。造りあげた船を川を下すのはそれほど困難ではなかったと思われる。それについて思い出されるのは青森県下北半島の漁船の造船である。下北半島沿岸の浦々にはイソフネとよばれる船底が丸木づくりの漁船がひろく分布している。この船は丈夫で、少々岩にぶちあたってもこわれることがなくてワカメ・コンブとりなどにいまも盛んに使用されているが、この船は半島の中央山地にある畑という部落でつくられる。畑はマタギの部落で、昭和十年代まではクマを盛んにとっていた。いま六〇戸あまりになっているが、明治の初期までは一六戸ほどの小さい村であった。ここの人たちはクマやアオシカをとるほかは山中に入って巨木を伐りたおしてイソフネの底〔シキ、下北ではムダマともいう〕をつくった。さらに以前は丸木船をつくっていたものであろう。いまこの村の周囲の山は国有林になっているが、旧藩時代はヒバ〔南部桧〕の原始林で、南部藩が管理し、留山になっていた。そして杣札がもうけられて、杣札を持つものが山に入って木を伐ることができ、伐採高に応じて税をとり、杣札に対しても税をとった。ヒバの方は伐るのがむずかしかったが、雑木の方は寛大であり、丸木船は雑木でつくった。幕末頃まではすべて丸木船であったようである。

丸木船にする木は斧で伐り、鋸を用いることはなかった。斧とカンナで船をつくりあげていった。たいていは注文によって造ったが、注文によらない場合もある。船ができあがると、川内川にうかべ、それに乗って川を下ってゆく。小さい川で、川は岩がごろごろしているが、その間をぬって川口の川内町までゆき、ほしい人に売るか、または注文主に売る。よい金になったもので、一艘売ると一ヵ月位は川内の宿で居つづけで遊ぶことができたという。船一艘をつくるのに二〇日くらいかかった。大きな木がなくなって丸木船はできなくなり、船底を丸木形にするようになったが、今では一本の木をくりぬいてつくることはむずかしく、二枚の板のくりぬいてつぎあわせるようにしている。その船底板でも十分に人が乗るには耐えるので、最近までできあがったものに乗って川内まで下っていたが、トラック道が開通したので、いまはトラックで運び出していると思う。小さな川が一本あることによって長い間山中で船をつくっていたわけである。そして周囲の人にはマタギの部落として知られていたけれど生活をたてるための大きな収入源になっていたのはマタギのかせぎではなく丸木船造だったのである。

私がこのような典型的な話をきいたのは実は下北半島が最初であって、他の地方でのこのような話は十分たしかめていない。丸木船の話も多くは断片的であるが、その丸木船が川の上流地方で多くつくられていた話は方々できいた。そしてまた川船は海の船でもあり得たのである。たとえば岡山県高梁川の上流できいた話では、この川をもとはたくさんの高瀬船がかよっていて、主として山中の砂鉄を川口へはこんだが、そのほかの物資もまた運んだ。この川船は川を下って海へ出て、時には四国あたりまで荷を運んでいくこともあったという。瀬戸内海地方では川船も海をゆく船ももとは大して区別がなかったようであるが、そのことについての調査は今日までほとんどなされていなかったのを、岡山の湯浅照弘氏が高梁川の川船の調査をすすめてからいろいろのことがわかって来はじめた。そして沿海船の山中造船も単なる推定ではないと思うようになって来た。但し遣唐使船のような大きな船まで山中で造られたであろうかということになるけれども一つの仮定を実証していくためにはあらゆる方法を考えて見なければならない。

たとえば、さきに山中に海童神社があるように海岸に大山祇《おおやまつみ》神社のあることも考慮の中に入れてよい。愛媛県大三島の大山祇神社がそれを物語る。この神は大阪府淀川中流にある三島江の三島鴨神社を勧請したものともいわれているが、性格的には海の神でなければならぬのが山の神としてまつられている。そしてその神はさらに伊豆にも三島大社としてまつられている。海人たちのもたらしたものであろうといわれている。はじめ三宅島にまつられたが、後に伊豆半島の白浜にまつられた。延喜式の編まれたころにはまだそこにあったが、十二世紀ごろにはいまの三島市に移っていた。山の神も海のほとりにおりて来ることがあり、また内陸に入ることもあったということは、これをまつるものの移動とも関係があろう。それはそのまま日本という国のせまさを物語るものであり、しかも海と山をつなぐための河川が無数にあることを忘れてはならない。山をたどってさかのぼってゆけば山中に入ることができたし、山中の者は川を下ってゆけば海へ出ることができた。そしてしかも川は最近まで民衆の道であったことを忘れてはならない。

## 二〇　鴨部

古い記録からはなれて、地方にのこる古い生活をふりかえって見ようとしたのは、そういう生活は基本的には昔からほとんどかわらないでつづいているということで、農耕生産の外側にはみ出ている生活者と生活の場について見たかったからである。そしてしかもそれは比較的政治にとらわれない世界のあったことを指摘したかったからである。そしてそういう世界には農耕以前の—狩猟採取時代の生活習俗の残存も見られるのではないかと思う。狩猟や漁撈はそれに属するものであるが、それについては『海に生きる人びと』（《日本民衆史三》昭和三十九年　未来社）『山に生きる人びと』の中でもかなりふれて来たので、ここでは鴨君にひきいられた鴨部をとりあげて見たい。

日本には賀茂という地名がきわめて多い。『倭名鈔』の中から賀茂または鴨とよばれる郷名のある郡をあげて見ると次のようになる。

◆鴨部の分布――賀茂郷と賀茂神社

| 国 | 郡 | 郷（和名抄） | 賀茂神社（延喜式神名帳） |
| --- | --- | --- | --- |
| 山城国 | 愛宕郡 | 賀茂 | 賀茂別雷神社・賀茂御祖神社・賀茂山口神社・賀茂波爾神社・鴨川合坐小社宅神社・鴨岡太神社　六社 |
| | 相楽郡 | 賀茂 | 岡田鴨神社 |
| 大和国 | 葛上郡 | | 鴨都味波八重事代主命神社・鴨山口神社・高鴨阿治須岐託彦根命神社　三社 |
| | 高市郡 | | 高市御県坐鴨事代主神社 |
| 河内国 | 石川郡 | | 鴨習太神社 |
| | 高安郡 | | 鴨神社 |
| | 渋川郡 | | 鴨高田神社 |
| 大和国 | 大鳥郡 | | 鴨田神社 |
| 摂津国 | 島下郡 | | 三島鴨神社 |
| | 河辺郡 | | 鴨神社 |
| 伊勢国 | 度会郡 | | 鴨神社 |
| | 員弁郡 | | 鴨神社・賀毛神社　二社 |

| | | | |
|---|---|---|---|
| 三河国 | 額田郡 | 鴨田 | |
| | 賀茂郡 | 賀茂 | |
| | 宝飯郡 | 賀茂 | |
| | 設楽郡 | 賀茂 | |
| 伊豆国 | 賀茂郡 | 賀茂 | 加毛神社 |
| 安房国 | 長狭郡 | 賀茂 | |
| 常陸国 | 新治郡 | | 鴨大神御子神主神社 |
| 美濃国 | 安八郡 | | 加毛神社 |
| | 賀茂郡（郡のみ） | | |
| 上野国 | 山田郡 | | 賀茂神社 |
| 越前国 | 丹生郡 | 賀茂 | |
| 加賀国 | 加賀郡 | | 賀茂神社 |
| 佐渡国 | 賀茂郡 | 賀茂 | |
| 丹波国 | 氷上郡 | 賀茂 | |
| 伯耆国 | 久米郡 | 大鴨・小鴨 | |
| | 会見郡 | 鴨部 | |

出雲国　能美郡　賀茂
隠岐国　周吉郡　賀茂　　賀茂那備神社
播磨国　賀茂郡　上鴨
美作国　勝田郡　賀茂
　　　　苫東郡　賀茂

すなわち二九郷をかぞえるのであるが、地域的に見て東は佐渡から西は安芸におよび、東北・九州には見かけない。これらの社の中心になるものは京都愛宕郡の賀茂別雷神社と賀茂御祖神社で、今日上賀茂・下賀茂とよばれているものである。そして皇域鎮護の社とせられているが、もともとは鴨部の祖神をまつったものであったと見られる。鴨部は野鳥の狩猟をした部曲《かきべ》の民であったと見られるが、野鳥ばかりでなく、野獣もとり、鵜養などもおこなっていたのではないかと思われる。そういう部曲たちの定住した郷が三〇にのぼっていたと見られるのである。そしてこの仲間はその居住する地に鴨神社をまつった。それを『延喜式』によって見てゆくと前表のようになる。

これによって見ると賀茂郷の所在するところと神社の分布とはかなりずれており、郷を形成するにいたらないところにも神をまつった例が非常に多い。しかも神社名の方は賀茂と書いたもの一〇例、他は多く鴨の字を用いている。

以上一応郷名のカモのあるところ、カモ神社をまつったところのうち両者の重複する郡は一つと数えて、四七郡に鴨部が分布していたと見られるのである。さらに式内社をもたない小グループも存在したであろうから、鴨部がいかにひろくしかも密度高く分布していたかを知ることができる。

そのうち興をおぼえ、また疑問に思うのは九州と東北に鴨部の分布を見ていないことである。その地方に鴨が少なかったのかどうか、私自身はたしかめていないが、鴨部の分布は鴨の渡来と関係あるものと思われる。今でこそ鴨の渡来は減ってしまっているが、もとはきわめて多かった。鴨のあそぶに適した沼沢地が海岸平野・砂丘の中ばかりでなく、山中の盆地などにもきわめて多かった。そういうところへ渡来して来て、春になるとまた北へ帰ってゆく。鴨をとるには弓を用いることもあったようだが、古くから網を用いることが多かった。鴨の来る近くへ網を張っておいて、鴨を追いたてるととびたつ鴨が網にかかるのである。あるいは叉手網《さであみ》やタモ網を用いて、とびたつ鴨をおさえることもある。

福井県大野市に延喜式に見えた篠座《しのくら》神社という古い神社がある。この神社には鵜飼が神人として早くから奉仕しており、もとは大野郡一郡の川のアユは篠座鵜飼がとってあるいていた。この鵜飼たちは冬になると盆地へやって来る鴨をとったものである。鴨のとり方はカスミ網を張ることもあるが、夕方沼地で眠っているのをとるには投網を用いた。鴨網猟については中世の文書ものこしているのでその技法は古いものと思われる。夏は鵜飼、冬はカモ猟で一年の生計をたてることができたという。

大阪府淀川筋でも湿地帯での鴨猟は盛んにおこなわれていた。川筋の百姓たちの仕事であったというが、やはり網でとった。建網のように田圃に長く張っておいて、しかも上部を鴨のいる方へ斜にさしかけておく。網の近くには餌をまいておく。鴨がおりて来て餌あさっているところをドツと声をたてると、鴨はおどろいて一斉にとびたって網の目に首をつっこむ。

島根県山中できいた鴨のとり方もたいてい網を用いているが、土地によってはトリモチを用いることもあった。静岡県では網もトリモチも用いられたようである。静岡県にはいつの頃からか弓や鉄砲のようなものを用いないで鳥をとってあるく仲間がいた。明治・大正時代に入って鳥があまり渡って来なくなって自然に鳥猟をやめてしまったが、その人たちは山梨県の鵜飼たちの鵜を冬になるとあずかって世話していた。山梨県は謡曲鵜飼※にもあるごとく昔から鵜飼の盛んなところで、県下の川のいたるところで鵜漁がおこなわれていたが冬になると餌に困るので静岡県の鳥猟師のところへあずけた。その最後まで鴨をあずかっていたのは静岡市に近い安倍川のほとりの村であった。そこの村は古くから鴨猟や鳥さしにあるいていた村である。鳥を鉄砲でうつのではなく、網やトリモチを用いてとるのだから、鳥の性質はよく心得ており、鵜を飼うことも上手であった。江戸時代にはいろいろの鳥をとって江戸へ送ったものでもあるという。鵜などもとることが上手で、伊豆半島あたりまでとりにいったものであった。いわば鴨部の子孫たちであった。

鴨猟にかぎらず、鳥をカスミ網でとることはつい最近までいたるところで見られた。それが禁猟になっていても目をぬすんではおこなった。カスミ網でとるものはツグミが多かったが、能登半島から飛驒・美濃・三河の山中にかけては、昭和二十年頃まではその網を多く見かけたし、京都付近にもまた多かった。

鴨のとり方の中には網のほかに釣針も用いられた。釣針に餌をさして、釣針につけた糸の一端を杭にくくりつけておく。すると鴨が来てその餌を食い、釣針をのどにかけてしまう。そのようにしても一日に何十羽というほどとれたものであると福井県大野できいたことがある。

鳥猟は漁猟にもっとも近い方法がとられているのが一つの特色である。このような技術は海人から学んだものであろうか、あるいは鴨部たちがその初めから持っていた技術であろうか。海辺に住む鴨部は海人同様に漁猟にもしたがっていたと見られる。

鴨部はもともとかなり移動のはげしい仲間ではなかったかと思われる。仮に鵜飼をともなっているとするならば一つの川の流路を川下から川上まで漁猟をつづけてあるいたであろうし、海猟にしたがっていたものならばさらに広い海域を漂泊していたのではないかと見られる。福井県篠座の鵜飼たちは川鵜を用いてアユをとった。その川鵜は琵琶湖へとりにいったそうである。鵜はトリモチでとることが多いのだが篠座の鵜飼たちは網を用いてとったという。そしてこの人たちの一年間の行動半径は大野郡一郡にわたり、臨時に近江の琵琶湖が加わることになる。農耕以外の生産集団の行動領域は少くも右の程度の広さは必要であっただろう。

このようにして農耕社会の外側に、いろいろの生産手段をもった人たちが一つの領域内移動をつづけながら生活をたてていたことが推定せられる。しかも鴨部の場合は、賀茂の県主たちによる統一があったと思われるが、それらをまとめる中央の力はそれほど強いものではなかったと見られる。

## 二一　漁業技術と漁村

大陸から高い技術をもった人びとの渡来によって、職業の専業化がわずかばかりではあるけれども見られはじめたわけであるが、それ以外に在来の生活者たちの間にも職業の集団的な分化は見られた。海岸に住む者が漁撈を主とし、山間に住む者が狩猟を主とする。しかもその狩猟すらが野獣を弓や槍で刺殺するものと、鴨部のように鳥をとらえるのを主とした者たちもあるわけで、農耕民の外側へそういう人たちがはみ出してゆくばかりでなく、漁民・農耕民社会にもそれぞれ生産のあり方に少しずつの差があった。

昭和十年ごろ瀬戸内海沿岸の漁村をあるきはじめたとき、私の一ばんおどろかされたのは一つ一つの漁村の性格がみんなちがっているということであった。だから一つの漁村を見て、次の漁村をそれによって予測したり類推することはできなかった。

農村ならば一つの村を見れば周囲の村はだいたい類推ができるものである。しかし漁村の場合は、一つの村と次の村に差が見られるだけでなく、一つの浦の中にも地区によって漁法を異にする人たちが住んでいた。なぜそうなっていったかについていろいろ考えさせられていったのであるが、そのようになっていった歴史はきわめて古いものがあると言っていい。

ここに広島県の漁村と漁法との関係を、生業の発展と分化を見てゆく手がかりとして考察して見たい。

広島県下を今日まであるきまわって得た漁業資料の中からは中世以前に大形の地曳網のあったという記録は出て来ていない。したがって大阪湾に見られたような大形地曳は近世初期までは存在していなかったと考えてよいのではないかと思う。どうして大形地曳が存在しなかったかは十分あきらかでないが、一つだけ想像をゆるされるならば、大形網を海に入れても潮流のはやいために網が押しながされる。そのため網の中の魚もにげてしまうような結果になるからではないかと思われる。

その点大阪湾の潮流はゆるやかで、網が潮に押しながされることは少なく、網を海岸に∧形にひきよせることができた。大阪湾沿岸の古老たちの話によると、地曳網を海に入れるのは朝で、引きあげてしまうと夕方になった。それほど時間をかけたものであった。そういう網がすでに十世紀ごろには存在し

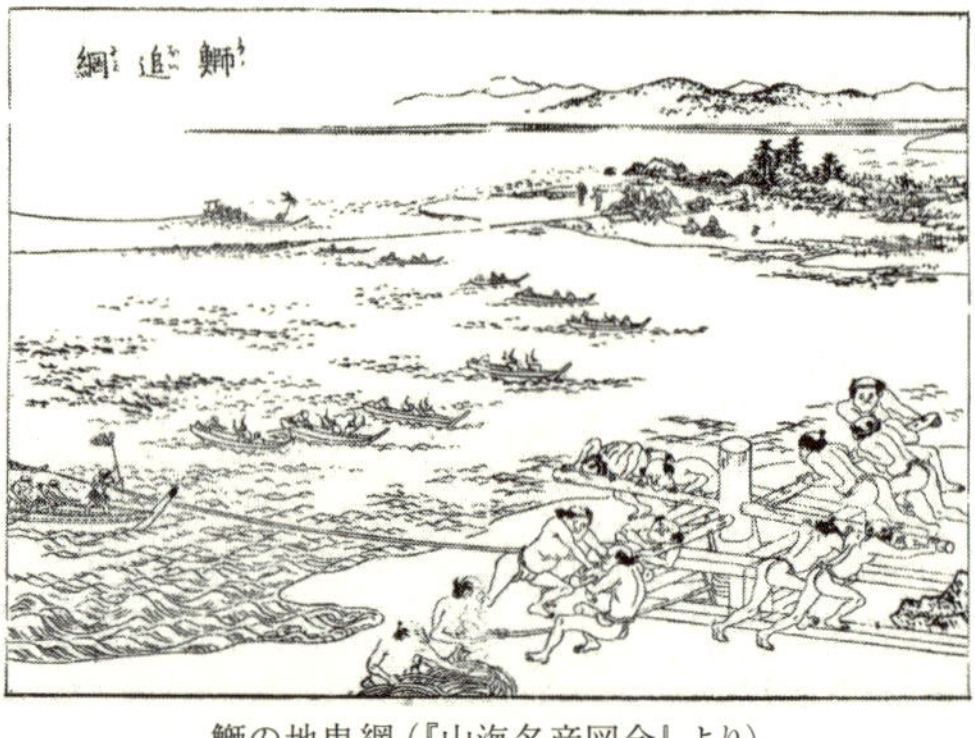

鰤の地曳網（『山海名産図会』より）

たと見られるが、それが西日本へは容易にひろがらなかった。西日本―とくに広島県を中心にしてはテグリ〔手繰〕網という網が古くからおこなわれていた。小さな網で、小船一艘で人が二人おればひくことができた。そしてこの網は中世以前、あるいは古代から存在していたものではないかと思われる。この網は昼間も用いることがあるが夜の方が効果をあげることが大きかったから夜漁を主とした。そのため家へかえることが少なく、女子供まで船にのせて海上漂泊をするものが多かったのである。

後には帆をまいて船を横にして流しながら網をこいでゆくようになって来るが、網の基本的な形態はほとんどかわっていない。そしてテグリ網を用いる漁村がごく最近までたくさんあった。その中心をなしたところが、三原市能地だといわれており、能地からわかれ出た百余の漁村にそれが見られたわけだが、それ以外にも、倉橋島音戸をはじめとして、御調郡の田島や横島にもこの種の漁船が多かった。そこでは古い漁法を守りつづけて来たわけであるが、その漁法によって魚をとることがもっとも適している海がそこにあったことが、そのような漁法をながくとらせたのである。

鰈（カレイ）の手繰網（『山海名産図会』より）

そのような網でとれるものは、ヒラメ・カレイ・ナマコ・エビなどのような底魚で、比較的動きのにぶい動物であった。そしてそれが多かったのである。

それでは地曳網のようなものはなかったかというように、土地によってはあったと思われる。広島県下のことについてはわからないが、山口県大島郡安下浦には中世末、近世初期のころイワシの地曳網のあった記録がある。しかしその網の規模や構造はわからない。

ところが、寛永十（一六三三）年ごろ、紀伊（和歌山県）からイワシをひくための中高網が進出して来る。中高網というのは船曳網のことで、船に乗っていて網をひきあげる。その網は比較的短い時間に網をひきあげるもので、一日のうちに何回でもひくことができる。それは山口県安下浦ばかりでなく、愛媛県由利島や、広島県地御前村、阿多田島などにも進出している。東の方では岡山県真鍋島にも進出した記録があるから、その頃ひろく中部以西の瀬戸内海に進出したものと見られ、この網によってイワシをとることができるようになった。そしてそれはホシカにして大阪地方に売ったが、地元でも田畑の肥料として用いたものである。

このような網が進出し流行するようになれば、テグリ網業者は新しい漁具や漁法を用いるようになったかというとかならずしもそうではなかった。古くからテグリ網をおこなっているものはテグリ網をおこない、中にはイワシ網をはじめた者もあったであろうが、大半のものはそのまま古い漁業をつづけていった。そしてイワシ網漁村はテグリ網漁村とは別のところに発達していった。

このテグリ網・イワシ網のほかに建網、坪網・ゴチ網などが発達して来るが、それが一様に各浦々にひろがったわけではない。これをおこなう浦はおのずからその条件に適したところであった。

次に釣漁にしても一本釣と延縄があるが、一本釣をおこなう浦では延縄は少なく、延縄をおこなっているところでは一本釣は少なかった。仮に一つの浦に二つの漁法があるように見える場合でも一つの浦の中で別々に集団をなして住んでいる場合が多かった。そのような現象は東瀬戸内海にとくにつよくあらわれている。

だから一つの新しい漁法の導入が、決して古い漁法をなくしてしまうことにはならなかった。古い漁法はそのまま残存しつつ、あたらしい漁法がそれにかさなってゆく。たとえばタイをとるにしても一本釣で釣る者もいる。延縄で釣る者もいる。ゴチ網でとる者もいる。タイカツラ網でとる者もいる。そしてゴチ網を用いるものはほとんどタイカツラ網を用いない。

古い漁法は古い漁法のままで成立つ余地があった。たとえばテグリ網は三原市能地・倉橋島音戸などを根拠地とした。そしてそれはいまもつづいているのである。能地の場合はいまは見るかげもないまでにおとろえているけれども、もとは一〇〇にあまる枝

鮪の建網（『山海名産図会』より）

村を出して発展していた。枝村はいずれもテグリ網漁をおこなっていた。

中には二窓のようにノベ縄を主業とした村もあった。そしてその枝村も延縄を主としていた。音戸はテグリ漁師もいたが、別に延縄漁師もいた。操業は別々にやっていた。

下蒲刈島三ノ瀬は一本釣を本業とした。ここには網漁はほとんどなかった。第二次大戦後は延縄をおこなうものも若干出て来たが、それ以前は一本釣のみといってよかった。一本釣は多く昼おこなうもので、ここでは女が漁船に乗ることは少なかった。三ノ瀬から倉橋島鹿老渡へ分村したが、鹿老渡でも一本釣を主としている。愛媛県中島へも相当数の移住があったがやはり一本釣をおこなっている。

広島湾奥にある玖波や、阿多田島は十七世紀中頃紀伊からイワシ網をつたえられたところであるが、それ以来ずっとイワシ網漁をおこなっている。ただ幕末の頃このあたりで坪網をおこなうようになったが、それは地元では大して発達を見ず、大分県国東半島につたえられて、国東半島から豊前海沿岸にいちじるしい発達を見、さらに国東半島の漁民によって朝鮮半島の南岸にもたらされた。そして玖波は依然としてイワシ網をつづけたのであるが、玖波には別に建網漁をおこなう一群が別の集落を形成しており、イワシ網と建網の集落の交流することはなかった。

このほか広島湾奥の坂、横浜などもイワシ網漁を主業としており、後にはカキの養殖も盛んになって来るが、一本釣・延縄などはあまり見られなかった。

芸予叢島のうち豊島は一本釣の浦として発達したが、ここにはノベ縄も併用されて出稼漁を主とする大きな漁村に成長した。明治初年以来のことである。

　また生口島瀬戸田は港の北端に一本釣の漁部落がある。古い歴史を持つ漁浦であるが、港の南端に福田という漁浦がある。能地からわかれた漁部落でテグリ網漁をおこない、ここでは一本釣はなかった。このように一つの港の中にも全然性格のちがった二つの漁部落が存在しているのである。

　家船の漁村として知られる因島の箱崎は延縄・一本釣・建網などの混合漁法をとっているが、もともと釣漁と建網をいとなむものは別であったようである。そしてここではテグリ網はおこなっていない。しかし箱崎から北へ四キロほどのところにある西浦はテグリ網の村であった。

　このように一つ一つの漁浦の性格がそれぞれみな違っていたということは、歴史的発展とよばれるものが段階を追っていくものでないことを物語っている。

　ここにあげたのは近世から近代へかけての一地域のささやかな例であるが、それはひとつ漁村だけでなく、農村でも同様であって、もとは皆少しずつ性格を異にしていたものであったと思う。そのことについて下北半島を例にのべて見たい。

## 二二　下北の村々の生業

農村は漁村ほど村々の性格がはっきり、ちがっているとは言いがたいのであるが、古くはかならずしもそうではなかったと思われる。これまで一地域において一つ一つの部落を丹念に見てあるく機会をもたなかったので、これは試論の域を出ないのであるが、下北半島の村々は一部落ごとに生産構造の上に差が見られるのは、古い時代の生産のあり方を考えてゆく上に一つの手かがりになると思う。

まずむつ市の中から見てゆくと、田名部の北に樺山というところがある。もと一八軒の村であった。この村は人びとの記憶にのぼるかぎりでは牛飼の村であった。村には昔から一二〇ヘクタールほどの原野があってそこに牛を放していたが、男ベコ（牡牛）だけ飼って、女ベコは飼わなかった。これは牛を駄賃付けにつかうためである。樺山だけでなく、それから北にある関根も、南の栗山もベコを飼っていた。そして馬は一頭もいなかった。明治になって樺山吉松という者がはじめて馬を飼ったという。

樺山では一軒の家で牛を七―一〇頭くらい飼っていた。その牛を利用して駄賃付けをおこなった。この人びとがかせいであるいたのは恐山へ材木を引き出しにゆき、尻屋・砂子又《すなごまた》のあたりへは炭や薪を積みにいって田名部へ出した。大間の方へも薪を積みにいったものであるが、明治の終頃になると、鉄道の枕木や砂利もはこぶようになった。牛四—五頭に荷をつけて運んだ。

田名部の東南の奥内《おくない》は昔から山子《やまご》の村であった。戸数六〇戸のこのあたりでは比較的大きな村であったが村の戸主のすべては山子仕事をしていた。山子というのは斧で木を伐りたおし、薪をつくったり、建築用材をとったり、マサといって屋根をふく板をとったりした。しかしこの村はほとんど草葺であって、マサで屋根をふいているものは少なく、マサ屋根は大湊から西の陸奥湾沿岸に多い。したがって自分の村の家の屋根をふきかえるためにマサ伐りをはじめたものではなかったようである。つまり他村の家のマサをつくってあるいた。薪は自家用のほかは田名部に出しているが、ここの人は炭焼をすることを知らなかった。この村も牛飼の村で馬はいなかった。牛が三五〇頭ほどいたけれども、この村では牛方はしなかった。

奥内から東北へ八キロほどのところに東通村砂子又がある。そこも昔から山子の村であった。しかし奥内とはまた少し様子がちがっていた。このあたりはもと大きなアカマツがあり、それをたおして角材をつくった。木を伐るのに鋸を用いることなく、すべてマサカリであった。一辺が一尺六寸、長さ四間くらいの角材で、それを川にながして田名部に送った。またナラの木が多かったので、それを伐って薪にして川船で田名部へおくった。後に商人が津軽から焼子をつれて来て炭やきをはじめて、山に大きな木はなくなった。ずっと以前幕末の頃までは砂子又でも炭をやいていた。冷水というところに鉄山があって、その精錬のための炭であったが、その技術は鉄山の廃止とともにたえてしまった。

砂子又の東の上田代は牛方の村であった。砂子又で伐った海具《かいぐ》（船材）は長さが四ヒロ、九ヒロ、一二ヒロなどと長いものがあり、九ヒロから上のものは流送もむずかしかったので、一本の材木の両端を牛の背にのせ、一本の木を二頭の牛で、田名部まで運んだ。昔は道のわるい上に細道であったから、曲り角をまわるのに苦労した。海具はたいていスギで、マツや雑木の中にスギがはえていた。上田代はどこの家でも牛を五頭ずつは飼っていた。海具が少なくなってからは鉄道の枕木にするクリ材をはこんだ。

ところで上田代の東の下田代はイワシ地曳網があって、さかんにイワシをひき、そのイワシを煮て油をしぼり、イワシ粕は俵につめた。それを運んだのは上田代の牛方ではなく、田名部本町の馬方であった。田名部本町は馬方の町で、どの家でも馬を飼っていて、その馬子たちが下田代までイワシ油やイワシ粕を運びに来た。砂子又でもヒエのような俵物は田名部の馬につんで出したもので、牛をつかうことはなかった。

田名部の東にある東通村大利《おおり》は木挽の村であった。もと二六戸の在所に三〇人をこえる木挽がいた。木挽は杣が伐りたおし削ってつくった角材を板にひくのである。船板と建築材が主でマツとスギを素材にした。そしてここの木挽は東通の尻屋・岩屋・尻労《しつかり》・白糠《しらぬか》・老部《おいっぺ》・上田代・小田野沢・入口などをはじめ、西海岸の大間・佐井・長後《ちょうご》・福浦・牛滝、南海岸の宿野部《しゅくのべ》・川内などへも出かけていった。田代は牛方の村だが木挽はいなかったから、木は砂子又のものが伐りたおし、大利のものが板に挽き、それを地元の田代のものが運んだわけである。しかし明治末年頃になると、木を倒すのにマサカリのみでなく、鋸を用いるものも見られるようになり、大利でもオオワタリという長さ三尺もある鋸を用いて、倒すようになった。この方法が成功すれば山子は必要なくなるわけであるが、しかし木の枝などを払うのは山子の方が能率をあげたし、雑木を伐る場合はマサカリを用いることが多かった。海具の場合鋸が多く用いられたのである。

木挽は大利だけでなく東通村の目名・蒲野沢《がまのさわ》・下田屋・上田屋・鹿橋《ししばし》にも多かった。働き場はすべて下北半島内であった。そしてそのほとんどがスギを板にしたものである。下北半島のスギは成長が早くて木の質はやわらかかったが、ねばりがあって船をつくるには適していた。そしてスギのすべては植林せられたものといわれており、現在のこっているものの中にも古いものは五〇〇年に達するものもある。たいていの部落に三〇〇年くらいたったスギは見かけるから、植林の盛んになったのは近世初期に属するものであろう。伐った木は多くは新潟・金沢地方へ運ばれた。日本海沿岸では古い造船地である。スギの植林せられるまえにはヒバが多く自生しており、それを伐ったもののようであるが、東通村ではいまヒバはきりたおされてしまってほとんど見かけず、恐山を中心にして原始林が見られる。それは東通村の木挽の多いことと考えあわせて見ると、もともとこの地方に大きな木のあったことが推定せられるのである。

半島南岸の川内町の小倉平・銀杏木《ぎんなんぼく》は山子の村であった。ここの人たちは昔から組をつくって山に入っていた。組の頭を山頭といった。山頭には技能のすぐれたものがなる。木を伐ることが上手というだけでなく、鋸の歯をつけるのが上手であるとか、マサカリの刃をとぐのが上手というような特技があり、木を伐るにも普通の人の二倍の能率をあげた。そして五十歳になると組からはずれた。それ以上になると若い者についてゆけなくなる。子は親が五十歳をすぎても山子をしていると肩身のせまい思いをしたものである。

川内の町は海岸にのぞんで住んでいるものは漁師をしていたが、そのほかの者はほとんど大工であった。大工の数は昔から一〇〇人いるといわれている。そのうち三〇人ほどは船大工で船をつくっていた。家大工の方は半島各地の民家をたててまわったものであるが、幕末頃から北海道へ出かせぎにゆくものが多くなった。大工はマサワリもしていた。マサは屋根板のことで、川内川の上流の山々で山子のきった木を川流しして川口にもって来て、それを寸甫《すんぽ》といって六尺二寸と二尺くらいの長さに伐り、長いのをコマエとよび、短い方を割ってマサにする。マサは長さ二尺、幅五寸、厚さ三分ほどの板である。

マサとりはもともと山子の仕事であったはずで、川内の場合も山子がこれにあたっていたのであろうが、山子から専門のマサとりができ、そのマサトリが大工もやりはじめたものであろう。材木のあつまって来るドバ（土場）にはマサとりの山子ばかりでなく、角材をつくる山子もおり、この方は角材専門であり、角材は五〇〇石くらいの船に積んで他国へもっていった。加賀・能登の船が多かった。

小倉平・銀杏木の奥にある畑がマタギの村で同時に船のシキをつくったことはさきにのべた通りであ

る。そして、畑からわかれた佐井村川目というところでも昔は船シキをつくっていたという。

半島西岸の牛滝はヒバ積出しの港としてもとはその北の福浦とともに船乗が多かった。漁業にしたがうものも少なくなかったけれど、船員の村であるといった方が適切であった。

ところがそこからさらに北にある磯谷はまったく漁業一本に生きたところで農業はほとんどおこなっていない。

私がおとずれて話をきいた村（部落）の一つ一つが皆少しずつ生業を異にしているのである。これらの村はもとはいずれもヒエ作をおこなっていた。そして女たちは田畑の仕事にしたがい、男たちは別の仕事をしていたのである。それも村々で違っていた。

また荷物の運搬についても田名部本町のように馬方のところもあるが、そこからすぐ北にある栗山や樺山には馬一頭も見かけない牛方の村であった。

漁業も東通はコンブとイワシ網、北通ではワカメとイカ、西通ではアワビ・ワカメ・イカ、西南の脇野沢ではタラ、川内を中心にしてはホタテガイ漁が主になっている。その土地で一ばん多くとれるものをとって、他のものにはあまり目を向けていない。それはきわめて古い生活のたて方の名残をしめすものではないかと思う。

しかもそのような性格のちがう村々が存在することによって、下北半島は一つの自給自営の地域社会をつくりあげていたと見られるのである。

内海〔瀬戸内海〕の漁村の場合はそれぞれの漁村の漁法や性格がちがうことによって有無相通ずるということは少なかったが、地域社会の一つの秩序をたもっていた。つまり一つ一つの浦がそれぞれの漁法を守ることによって共食い共倒れをふせいでいた。と同時に新漁法が旧漁法を駆逐することも少なかった。

下北では半島の各々の村々がそれぞれ違う職業をもつことによって支えあっている。おそらくこのような村落のあり方は古い時代にさかのぼればさかのぼるほどあざやかな形をとっていたのではないかと思う。部曲の民といい、品部の民といわれるものは、一つ一つの村の性格が多少ずつちがっており、そのことによって一つ一つの村はそれほど密接ではなかったが、同一性格の村はそれをすべる統率者がいて一つのまとまりを持っていたものではなかったかと思う。

そのことは下北の村の姿にもかすかにうかがわれる。隣同志の村はかならずしもそれほど仲がよいとは言えず、封鎖的でさえあり得る。しかし半島全体から見ると、東通の木挽たちは恐山を中心とした山地で働き、畑は船シキを本島沿岸の村々に出し、川内の大工は半島の村々の民家をたてあるいている。それでいて隣村とはゆききすることが少ない。また一つ一つの村は北海道をはじめ、各地へ出稼ぎ者を出してひろい世間にもつながっている。それでいて近隣の村の実情はそれほどくわしくはない。密接な村連合は見られないのである。

このような村のあり方はほかにもあるであろう。しかし一地域の村々を下北を見るような眼で見たことは少ない。もういちど見なおしてあるくには骨の折れることであるが不可能ではない。しかも村の性格の差異の追及によってそこに古い村の姿を見ることができるのではないかと思う。

## 二三　生産の縄張と郡

古い記録と現在の伝承資料をならべて書くことは、記録を追ってその歴史的発展を見ようとする方法とはちがう。そしてそれは論理を混乱させるようにも思う。民俗学的な比較は今日までは全国に残存し伝承せられたものの比較を主とした。しかし古い記録と現在の伝承資料は比較し得るものかどうか。これには多くの疑問があるが、千年二千年で生活伝承はかわってしまうものであるだろうかどうか。日本人が日本人であり、日本文化が日本文化であるかぎりにおいてはそこに何かがのこっているはずである。その何かとは何であるか。私は私なりに考えて見る。

伝承している事実そのものには古いものはあるいはのこっていないかもわからない。しかし伝承の仕方そのものは日本には日本の型があり、方法があるのではないかと思う。古い記録と現在の伝承資料を対比して見ようとすることも、実はその伝承の仕方をさぐりあてたいためである。しかしいまここにとっている方法は私にとっては一つの模索にすぎない。

さて生きるということの極限は飢餓からの脱出であった。飢餓というのは空腹のことではない。空腹であっても空腹をみたす何かがあれば飢餓とは言えない。空腹であるときそれをみたすものがない場合に飢饉はおこる。人間は飢餓克服のために実に長い工夫とまよいと努力をつづけて来た。

そして生命を守るために血をおなじくするものがまず集って住み、さらに生業をおなじくするものが集団をつくって生きてゆく方法を見つけていった。その集団は稲作のように同一の作物を面としてのひろがりの中で作る場合には隣同士の村も皆稲作集団として併存しているが、稲作以外の場合には点として存在し、周囲の村と同一の生業を持って併存することは少なくなる。

たとえば鴨部の村は関東から中国・四国地方にわたってひろく分布していたが、それは点として存在していたのであって、一地域に併存していたのではない。おそらくは鳥猟の可能なところに分布を見ていたものであろう。

同様に秦氏のごときも各地に点々として散在し村を形成していた。野獣を狩猟するマタギの部落の場合もやはり点として存在している。そして東北地方などではマタギの村の数はきわめて多かったように見えるけれども、地域毎に見ていくと、たとえば郡単位くらいに見ていくと、一郡内で多くても精々二—三カ所程度にすぎない。下北半島のごときも畑とその分村の川目と、大畑町の小目名付近に少数居たにすぎなかった。縄文文化時代にはあるいはその数は多かったかもわからないが、野獣の減少によってマタギ部落は減っていったと見られ、同時にその稼ぎ場は広くなっていったと思われる。たとえば明治末年頃まで、東通村はクマが多くて、クマの被害になやまされたが、そのたびに畑のマタギをたのんでとってもらっている。つまり畑のマタギは下北一円をその縄張としていたのである。

畑にかぎらず、他のマタギ部落も、それぞれ縄張をもっており、時代をさのぼればさかのぼるほど広域にわたっていたらしいことは、あるいはそうした仲間が次々移動してゆきつつも、古い故郷をもその縄張として持っていたためではないかと思っている。たとえば秋田のマタギが長野県北部の山村からさらに群馬あたりまで稼ぎに来ていたというのは、あるいはもとその地方にいたものが次第に北へ移動していったためであるかもわからない。そうでなければ異郷への進出はゆるされないはずである。

大和山中の狩人なども長門（山口県）あたりまで稼ぎにいっていたことは『山に生きる人びと』の中でもふれた。だから縄張といっても自分の今住んでいる村を中心にしてほぼ円形をなしているというようなものではなかった。それにもかかわらず、そういう集落はある間隔をたもちつつ点として存在していたのである。

木地屋の村なども同様である。地図の上にのせて見ると点々として山地に分布を見ていて、相接していくつもの木地屋の村が併存しているという例はきわめて少ない。一つの村が成りたったのには相当広域の土地を必要としたものであろう。岐阜県揖斐川上流の山地で話をきいた木地屋の一家などは三代の間に住所を二〇回もかえたということであり、先祖の墓のあるところが一代毎にちがっていると話していた。よい木のあるところを見つけては移動していくのであるが、そのようなグループはいくつもあって、それがお互いカチあわないようにするために、移動可能の縄張がおのずからできている。

漁村の一つ一つの漁法のちがっているのも一つの村が生活を維持するための縄張関係による場合が多いのではないかと思われる。さきに広島の漁村について書いたが、もっと広く瀬戸内海全体について見ていくと、たとえばタコ壺の村などはかなりの距離をもって分布を見ている。播磨灘沿岸では淡路の富島、明石市の林崎・東二見、岡山県下津井、広島県安芸津町、大分県姫島などがその主要なものであり、一つのタコ壺村があると付近にタコ壺の村はない。これは一つの村がそのような漁法で生きぬくためには海の条件もあり、またかなり広い海を必要とするからであり、すぐ近くにおなじような漁法の存在をゆるさなくしている。

延縄漁村の場合もタコ壺村とよく似ている。ともに長い縄を海中にはえてゆくのでかなり広い海域を必要とするが、それはまたタコ壺の村と重なりあうことは少ない。タコ壺をはえた上に延縄をはえていったのではタコ壺をくりあげることができなくなる。瀬戸内海で延縄を主とする漁村は淡路沼島・淡路由良、兵庫県家島の真浦(もとタモ網の多かったところ)、岡山県日生・尾道市吉和・竹原市二窓・山口県祝島などであり、その行動範囲はタコ壺漁よりはひろくなっている。

一見すれば海岸にある村々はすべて漁村のように思われるが、漁村でない村の方が漁村の数よりは多く、漁村の場合も同一系の漁村がならんで存在することは稀であるということからすると、それは山間における同一系の生業を持つ村の併存しない事情とははなはだ相似ている。

しかし一地域（旧郡単位程度）をとって見ると、そこにはいろいろの生業の村が存在し、それぞれの村に必要な物資はその地域の中でほぼ有無相通ずる程度になっているものである。

日本で郡の成立したのはきわめて古かった。それは行政の単位として存在したものであったが、郡は古くはコホリとよばれた。大宝令には大郡は一六乃至二〇里（郷）、上郡は一二乃至一五里、中郡は八乃至一一里、下郡は四乃至七里、小郡は二乃至三里から成っていた。したがって郡の大きさは一定していなかったが、郡とよばれるものは律令国家成立以前に国とよばれたものではなかったかと見られている。それら国は国造によって統治せられていたものであり、国造は国の内の部民を統べていた。それが律令国家の成立によって、より大きな国の中に内包せられることになる。

このように考えて見ると郡はもともと豪族を中心にした一つの生産単位をなすものであり、その生産はその地域に住むものの生活を支えるに足る程度のものではなかったかと考えるのである。そしてはじめは地域の首長としての国造によって郡民は統率せられていたが、律令国家成立によって国が郡となり、その郡がいくつか集められたものが国となり、国は国司によって治められるにいたって、国造は郡司のような地位を与えられた者が多く、同時に部民は公民として独立していったものと思われる。

そして郡はこうした古代の生産圏を下敷にしてつくられた制度であったと見られる。郡にははじめ郡司がいたわけだがいつか廃せられてしまう。国の方は国司の制度が単に名目だけになりつつも江戸時代の終りまでのこるが、郡の方は行政区画の制度としては平安末期にはもうその機能を失ってしまっていたと見られるのに、武家政権下七〇〇余年を名目の上では生きつづけて来た。それはいったい何であったのだろうか。無意識のうちにそれをのこしたものであっただろうか。そうとは考えられないのである。大宝令に見られる里（郷）の方は武家政治時代になってきえていったものがきわめて多い。郡はそれよりまえに政治的に解体しつつ、名目とその区域だけははっきりして明治時代までうけつがれて来る。これはそのような区画を意識し、必要とする人びとがそこに居たからであろう。

それは荘園を生み出していった社寺や貴族でもなければ武士たちでもなかった。それを一ばん必要としていたのは生産にたずさわっている人びとではなかったかと思う。さきにあげた下北の例は、下北全体で一つのまとまりを持っている。

しかし私は一郡ごとの生産なり性格なりについて深く検討して見たことはない。そして今日ではもうそういう比較も困難になっていると思うが、検討のしかたによってはなお可能な地方があるのではないかと思っている。私は若いころ大阪府泉北郡に住んでいた。その頃秋になって村々をあるいて見ていつも不思議に思ったのは泉北郡と南河内郡は一つづきの平野の中に郡界をもっているのであるが、郡界によって藁の積み方のちがうことであった。あるいはこれは和泉と河内という国のちがいによるものかもわからないが、和泉側は長セイロまたはススキとよばれる藁を横に積みあげたものであり、河内側は心木を中心にして梢の方を内側に根の方を外側にして円形に高く積みあげてものでボウトとよんでいた。

どうしてこのような差がここにくっきりと出ているのであろうかと思いつつも、その疑問はついに解くことができないで今日にいたっている。

泉北部と泉南部の間には藁の積み方の差は出て来ないが、言葉の上で、泉南側にはダ行とラ行の混同があって、カラダをカダラ、ダイコンをライコンというように発音する例が多くなる。

こうした差は単なる形態やことばだけでなく、もっとほかのものにも見られ、同時に郡の境がその断絶をつくっているように思った。そしてそれは古くさかのぼればさかのぼるほどはっきりした様相が見られたものと思う。今日では郡名は形骸的なものになり下っているが、それが原始古代の生産圏の名残であるとするならば、おどろくほど久しい間そういうものが持ちつたえられた生産のあり方がつづいていたということになる。無論このようなことは推定にすぎないのであって、それを実証するための手続きはいろいろあるであろう。

## 二四 〔人の移動と国〕

記録を中心にした歴史では、日本列島の上には早くから日本人の祖先たちが住み、その永年にわたる工夫と努力によって文化が進んで来たように説かれている。考古学的な進歩の上からも縄文・弥生・古墳というように文化はすすんで来たと見て来た。それは単にそこに住んでいる人が、大陸からの文化をうけ入れることによって進んで来たもののように説いて来ているけども、古い時代には文化だけが、人から分離してA地からB地へというように移動したであろうかどうかということが問題になる。民衆の文化がたかまって来ればそういうこともあり得る。たとえば甘藷の栽培などは南米にあったものが南米人の手によらず、スペイン人の手によって世界各国にひろげられていった。甘藷にかぎらず、トウモロコシ、ジャガイシモなども南米人の手をはなれて各地へ分布していったのである。

それでは古代にあっても文化伝播は同様で人の移動とは別に文化だけが移動したかというと、かならずしもそうではなく、文化が低くければ低いほど、人がこれをもちあるく場合が多かったのではないかと思う。古代にあって多くの品部の存在したのも、それぞれの職業をもったものが集団をなしていたということは、技術や文化がつよく人に結びついていたものであることを物語っている。そしてたとえば畑作は、その技術をもったものが朝鮮半島からわたって来て、各地に分散して住むことによってひろめていったという見方が成立するならば、稲作の方にも同様な現象があったのではないかという見方も成立して来るわけである。それは縄文土器がなぜ弥生式土器にかわったかということとともに関連して来る。

西日本では縄文土器がほとんど突如といっていいほど弥生式にきりかえられて来ている。最近では弥生式土器は北九州では縄文晩期の土器を祖形として生れて来たように説かれているが、焼成・製作技術については縄文晩期の土器よりはずっと進んでいるから、大陸文化の影響をうけていると見られている。すると技術のみが日本につたわって来たように考えられるのであるが、それだけで判断することはむずかしい。なぜなら朝鮮における考古学的な調査がさらに進んで、半島全体の状況があきらかになって来なくては結論を出すのは早いということになる。

たとえば最近ソウルの近くを流れている漢江流域で発見された可楽里遺跡の遺物は弥生式土器と寸分違わぬ形の土器であり、朝鮮で赤褐色無文土器といわれる系統のものという（『日本文化論』石田英一郎 筑摩書房 昭和四十四年）。

そして朝鮮では赤褐色無文土器は農耕生活を物語る。クワやスキの役目をはたしたと思われる石器・収穫用の石包丁・石鎌、粉ひきにつかわれた鞍形スリ臼をともなっている。なお当時の朝鮮で稲作のおこなわれたと見られるところは「京畿道の西南半・忠清南道・全羅南北道・慶尚北道の南半・慶尚南道」であろうという。朝鮮半島の南部地帯である。そして稲作はおこなわれていたが、その初期の段階には鉄器はほとんどなく、石器がおこなわれていたことになる。その稲作にともなう土器や石器が日本にもたらされたことはほぼ想像される。

その初めは日本人が朝鮮半島との交通によって稲と稲作技術を伝えたとも見られるが、それのみではなく、半島人の渡来も多数あったと見られる。朝鮮と日本との交流は古い時代からわれわれの想像するところよりははるかに盛んであったと見てもよいのではないかと思われる。

しかし稲作文化の東日本への移行は大陸からわたって来た人たちの移動によるものではなく、日本人間の技術伝播であったことは縄文土器が弥生式土器にかわってゆくゆき方の中にもうかがわれる。すなわち、縄文土器を母形にしつつ、徐々に弥生式土器にかわっていくのであって、西日本のような急速なかわり方は見られない。

稲作のように単純な技術は、その農耕法を身につけさえすれば誰でも容易におこなえるものであったと思われる。その点畑作の方はそれほど単純ではない。技術そのものは単純であったとしても、作物が複雑であった。冬作としてのムギをはじめとして、夏作のヒエ・アワ・キビ・コキビ・ソバ・ダイズ・アズキ・ササゲ・ゴマ、秋作のアワ・ソバ・ダイズなどがあり、また野菜がある。それらは蒔く時期を失すると収穫が半減するばかりでなく、皆無になることもある。焼畑と定畑では作物の種類もちがったようであるが、そういうものを作りながらさらに別の工芸的な生産技術を身につけなければ生活がたたないとするならば、それらはおのずから職能集団をつくるようになる。そして技術はその人たちの移動によってひろがってゆくと見ざるをえない。

漁村の場合そうなっていったことはさきにものべたところであるが、それは近世における広島県に見られた現象だが、古代における海人の分布にもおなじような現象は見られる。そのほか狩猟者・木地屋・サンカたちもともに技術をもちつつ移動していった。するとそれらの場合には技術の伝播はそのまま人の移動をともなうものであることを物語る。

日本の古代史をよみ、また考古学的遺物を検討していく場合に、古代日本が朝鮮半島の文化のつよかったことはよくわかるが、それは日本がうけとめたものとしていままで解釈していた。ところが江上波夫氏は騎馬民族による日本征服を戦後主張するようになった。それは日本の中期古墳の中から馬具が出ることから、そのころ日本への騎馬民族進出を考えた。崇神天皇が朝鮮から日本へわたって北九州に王朝をたて、さらに応神天皇のとき、九州から大和地方へ進出したと見る。それは年代的には四世紀初から五世紀へかけてではなかったかと推定している。それらは当時のいろいろの歴史的事実をふまえての推定であるが、それがもし正しいものであるとすると、騎馬民族の渡来を中心にして征服王朝が成立するばかりでなく、半島と日本の間の交流もさらに活発化せられることが推定せられる。〔未完〕

## ◇飢餓からの脱出　註（本文中の※印）

23頁　ダヴァオのマニラ麻開拓　明治三十年代の終り頃から日本人移民によるマニラ麻園の開墾、経営が行われるようになるが、その基礎を築いたのが明治四十年に設立された太田恭三郎の太田興業株式会社と、大正三年に古川義三によって設立された古川拓殖株式会社であった。大正三年にはじまった第一次世界大戦による好景気によってマニラ麻の栽培も急速に伸び、大正七年には一万人もの日本人がダヴァオに居たという。昭和六年三月に神戸高等工業学校を卒業した宮本先生の弟、宮本市太郎は昭和六年四月に古川拓殖に入社してダヴァオに渡っている。古川義三はその体験をもとに『ダバオ開拓記』（古川拓殖株式会社　昭和三十一年）を著している。

31頁　貝塚遺跡
保美貝塚　愛知県田原市保美町
吉胡貝塚　愛知県田原市吉胡
国府貝塚　大阪府藤井寺市国府
津雲貝塚　岡山県笠岡市西大島
大島貝塚　不明

44頁『木地師の習俗』第一　滋賀県・三重県（文化財保護委員会編　平凡社　昭和四十一年）滋賀県は橋本鉄男、三重県は堀田吉雄の担当執筆

57頁　江上波夫（一九〇六年—二〇〇二年）考古学者、東洋考古学専攻
昭和二十三年（一九四八）に石田英一郎（司会）、江上波夫、岡正雄、八幡一郎によって行われた「日本民族＝

文化の源流と日本国家の形成」と題したシンポジュウムで江上波夫が騎馬民族征服王朝を発表した

60頁　祝詞　伊勢大神宮　六月月次祭（『延喜式』巻八　神祇八　祝詞）

百官人等天下四方國能百姓尓至万天。長平久作食留五穀乎毛豊尓令榮給比。護恵比幸給止。（本文の読み下しは『古事記　祝詞』（古典文学大系一　岩波書店）による）

69頁　能登時国家の経営については、宮本に「名田経営の実態」（『社会経済史学』二〇巻三号　昭和二十九年十二月）、「時国家の近世初期の経営」（『能登─自然・文化・社会』九学会連合編　平凡社　昭和三十年十二月）があり、また日本常民文化研究所を引き継いだ神奈川大学日本常民文化研究所の奥能登調査研究会によって「奥能登と時国家」の総合研究が行われ、その成果が『奥能登と時国家』研究編二冊、調査報告編三冊として刊行されている。

74頁　佐渡の古田と新田については、『聞書　忘れえぬ歳月〈東日本編〉』（宮本常一　八坂書房　平成二十四年一月）収録の「佐渡の原始生産構造」（『人類科学』一三　九学会連合編　新生社　昭和三十六年三月）、「佐渡北岸における農業生産の発展と労力」（『人類科学』一四　九学会連合編　新生社　昭和三十七年三月）に詳しい。なお高知県の例は『旅の手帖〈村里の風物〉』（宮本常一　八坂書房　平成二十二年十月）所収の「本田と新田」（『民間伝承』一三巻六号　日本民族学会　昭和二十四年六月）に詳しい。

83頁　十五世紀はじめの朝鮮の使者……　一四二〇年（応永二十七年）に、日本からの使に対する回礼使に同行して、来日した宋希環（ソンギヒョン）が帰国後著した、日本紀行詩文集『老松堂日本行録』（村井章介校注　岩波文庫）に「阿麻沙只村に宿して日本を詠う」と題した詩文がある。阿麻沙只村は摂津尼ヶ崎で、これは帰路、尼ヶ崎での見聞である。

日本の農家は、秋に沓（水田）を耕して大小麦を種き、明年初夏に大小麦を刈りて苗種を種き、秋初に稲を刈りて木麦（蕎麦）を種き、冬初に木麦を刈りて大小麦を種く。

一沓に一年三たび種く。乃ち川塞がれば則ち沓と為し、川決すれば則ち田（畠）と為す。

　　水村山郭に火畑斜なり役なく人閑かにて異事多し

　　耕地は一年三たび穀を刈る若し仁義を知らばまた誇るに堪えん

85頁　太政官符

「〔類聚三代格十四〕太政官符

一禁下断出二挙財物一以二宅地園圃一為上質事

右豊富百姓出二挙銭財一。貧乏之民宅地為レ質。此至二於責急一自償二質家一。無レ処二住居一遂散二他國一。既失二本業一。或民弊多。為レ蠹實深。自今以後。皆悉禁断。若有二先日約契一者。雖レ至二償期一猶任住居稍令二酬償一。

以前兩條之叓・具錄如レ右。

　天平勝寶三年九月四日」（『故事類苑』政治部四三——上編　貸借）

87頁　太政官符

「〔類聚三代格十二〕太政官符

　課責尤繁、威脅難レ耐、且諸國奸濫、百姓為レ遁二課役一、動赴二京師一、好屬二豪家一、或以二田地一詐稱二寄進一、或以二舍宅一巧號二賣與一、遂請レ使取レ牒、加レ封立レ牓、國吏雖レ知二矯飾之計一、而憚二權貴之勢一、鉗レ口巻レ舌、不二敢禁制一、

　　延喜二年三月十三日」（『故事類苑』政治部三六——上編　莊園下）

96頁　「錦部定安那・錦訳部卯安那も錦を編む工人であったと見られる。」とあるが、何によって「錦部定安那・錦訳部卯安那」と読んだものか、『日本書紀』本文（国史大系）では「錦部定安那錦・譯部卯安那」となっており、

「訳語卯安那」を岩波文庫本では通訳と注記している。

103頁　風土記に見られる鉄生産地

一　常陸国風土記の香島の郡の項に「慶雲の元年（七〇四）、国司采女朝臣、卜《うら》へて、鍛冶佐備大麻呂《かぬちさひのおおまろ》等を率て、若松の浜の鐵《まがね》を採りて剣を造りき。」とあり、それに続いて「安是《あぜ》の湖に有る沙鐵は、剣を造るに大きに利《と》し。然れども香島の神山たれば、輙《たやす》く入りて松を伐り鐵を穿《ほ》ることを得ざるなり。」とある。

二　播磨国風土記の讃容《さよ》の郡の項に「すなはち鹿を放《はふ》りし山を鹿庭山《かにはやま》と號《なづ》く。山の四面に十二の谷あり。皆鐵を生《いだ》すことあり。難波《なには》の豊前《とよさき》の朝庭《みかど》に始めて進《たてまつ》りき。見顕《みあらは》しし人は別部犬《わけべのいぬ》、その孫《うまご》等奉り始めき。」とある。

三　播磨国風土記の宍禾《しきは》の郡、御方《みかた》の里の項に「大内川《おほちがわ》、小内川《をうちがわ》、金内川《かなちがわ》、大きなるものを大内と稱《なづ》け、小さき小内と稱け、鐵《かね》を生すを金内と稱く。」とある。

四　出雲国風土記の仁多の郡の横田の郷《さと》の後に「以上の諸の郷の出せる鐵堅く／して尤も雑具を造るに堪ふ。」と分かち書きしている。ちなみに仁多郡の郷は三處《みところ》の郷、布勢の郷、三津の郷、横田の郷の四郷である。

108頁　トカラ馬　トカラ列島（鹿児島県十島村）で飼われてきた日本在来馬の一種で、体高は一〇〇～一二〇cm位で在来馬の中でもっとも小型の馬である。一九五二年ごろには宝島で四〇数頭が飼育されていたが次第に減少し、宝島での繁殖集団維持が困難になった事から、保護・繁殖の目的で、数頭を残して開聞山麓自然公園と鹿児島大学附属入来牧場に移された。一九七二年、筆者が宝島を訪れた時には宝島のトカラ馬は一頭だ

トカラ馬

けになっていた。この一頭は一九七四年に中之島に移され、鹿児島から再移入された馬との間で繁殖がはかられ、島中央部にある牧場に放牧されている。

111頁　通し苗代　苗をとった後も他の作物をつくらず、苗代としてのみ使用した田圃で、長年にわたって苗代として使用され、堆肥などの肥料をたくさんいれて土を肥やすために家の近間など目の届くところにもうけられていた。気温の低い東北地方では、温床苗代が普及する昭和三十年ごろまでは通し苗代であったところが多かった。

117頁　山口神社

| | | | | |
|---|---|---|---|---|
| 国 | 郡 | 山口神社 | 吉野郡 | 吉野山口神社 |
| 山城国 | 愛宕郡 | 賀茂山口神社 | 城上郡 | 長谷山口神社 |
| 大和国 | 添上郡 | 夜支布山口神社 | | 忍坂山口神社 |
| | 平群郡 | 伊古麻山口神社 | 高市郡 | 飛鳥山口坐神社 |
| | 葛上郡 | 巨勢山口神社 | | 畝傍山口坐神社 |
| | | 鴨山口神社 | 十市郡 | 石村山口神社 |
| | 葛下郡 | 当麻山口神社 | | 耳成山口神社 |
| | | 大坂山口神社 | 山辺郡 | 都祁山口神社 |

121頁　植物の黒焼　『越前石徹白民俗誌』（『宮本常一著作集』三六巻所収）には「御師たちはこうした旦那場を主として冬の間にまわり歩くのであるが、その折、雷よけのお守りとか、白山のある種の植物を黒焼にしたものの灰・牛王札・白山の略図などを持って歩いた。灰は病気の時にのむと大変よくきくと信じられていた」とあるが、植物名は記されていない。

126頁　海部、磯部（和名抄）

| 国 | 郡 | 郷 |
|---|---|---|
| 伊賀国 | 河曲郡 | 海部郷 |
| 尾張国 | 海部郡 | 海部郷 |
| 参河国 | 渥美郡 | 磯部郷 |
| 相模国 | 餘綾郡 | 磯長郷 |
| 武蔵国 | 多磨郡 | 海田郷 |
| 上総国 | 市原郡 | 海部郷 |
| 下総国 | 香取郡 | 磯と郷（磯部郷？） |
| 美濃国 | 席田郡 | 磯部郷 |
| 信濃国 | 小県郡 | 海部郷 |
| 上野国 | 碓氷郡 | 磯部郷 |
| 越前国 | 坂井郡 | 磯部郷・海部郷 |
| 丹後国 | 加佐郡 | 凡海郷 |
| | 熊野郡 | 海部郷 |
| 但馬国 | 朝来郡 | 磯部郷 |
| 伯耆国 | 会見郡 | 天萬郷？ |
| 隠岐国 | 海部郡 | 海部郷 |
| 備前国 | 磐梨郡 | 磯名郷 |
| 安芸国 | 安芸郡 | 安満郷 |
| | 佐伯郡 | 海郷 |
| 紀伊国 | 海部郡 | |
| 淡路国 | 三原郡 | 阿萬郷 |
| 阿波国 | 那賀郡 | 海部郷 |
| 土佐国 | 高岡郡 | 海部郷 |
| 筑前国 | 怡土郡 | 海部郷 |
| | 那珂郡 | 海部郷 |
| | 宗像郡 | 海部郷 |
| 豊後国 | 海部郡 | |
| 肥後国 | 飽田郡 | 天田郷 |
| | 天草郡 | 天草郷 |

130頁　「真櫂しじぬき」は「船の左右にそろった櫓」（日本国語大辞典）で、「真櫂しじぬき」は左右揃った櫓を隙間もないほどたくさんとりつけた様をいう。万葉集に

大船《おおふね》に真楫《まかぢ》繁貫《しじぬ》き海原をこぎ出《で》て渡る月人壮士《つきひとおとこ》　柿本朝臣人麻呂　巻一五　三六一一

など一二首がおさめられている。大船と対になっている歌が多い

139頁　謡曲「鵜飼」は摂津猿楽榎並座の棟梁、左衛門五郎の作を世阿弥が改訂したと言われる能の演目で、その梗概は、禁漁の石和川（笛吹川）で鵜を使って漁をしたために仲間から簀巻きにされ川に沈められ殺された甲州石和の鵜使いの亡霊が、川辺のお堂に泊まった安房国清澄から来た旅僧の前に現れ鵜飼の業を披露して消える。所の者から事情を聞いた僧たちは、鵜使いの供養のために河原の石に一字ずつ法華経の経文を書いて川に沈める。そうすると地獄の鬼が現れて無事に成仏を遂げた事を伝え、法華経の功徳を称えて舞う。

# 日本人の食生活

# I 環境と食べ物

## とぼしい食べ物

日本における食生活の変遷については実に多くの著述があるが、ここで問題にしてみたいのは何時代にどんなものを食べたかということではなくて、食うものがどのように充実していったか。またそのことによって生活がどのように安定していったかということである。

現代は食料は実に豊富で多くの人びとが飢餓に苦しむということはほとんどなくなった。これは食料の生産が高まったためではなく、工業生産の上昇から、われわれが欲しいと思う食料が自由に輸入されるようになったためで、食料生産は昭和二十年以前よりは著しく減少している。

それでは食料自給率の高かった昭和二十年以前には充分に食欲を満足させることができたであろうかというに、むしろ飢えている者が少なくなかった。私は昭和十四年頃から全国を歩きまわる旅をはじめたのであるが、ふりかえってみて、日常の食事に米を食べていないところが多かった。もとよりそこは僻地、山村などであるが、それは同時に食べ物が豊富であったとはいえなかった。

## ソバ

昭和十五年の春、私は山梨県の吉田から上野原まで歩いたことがあった。そこは水田のあるところも多かったが、秋山村と呼ばれるあたりはほとんどが畑で、畑には麦がもう色づきかけていたが、もとは稗を多く作っていたという。もと名主だった家の古文書にも稗の産額が最も多く、稗のあとはソバをまき、ソバのあとは麦というように一年に三毛作を行う畑が多かった。秋山の奥の農家にとめてもらったのであるが、その家では手打ちのソバを出してくれた。これは客を手厚くもてなす方法の一つであった。ソバにおつゆをかけて食べるのであるが、ソバの他には大根漬けが出されただけであった。そしてその翌朝も、昼もソバであった。はじめて御馳走になったときはうまいと思った。しかしたび重なると他のものが食べたくなる。秋山から上野原付近の村々では晴の日や客のもてなしにソバを食べることが多かったというが、ソバを食べたところはその他にも広かった。北は青森県下北半島から、岩手県北上山中、中部地方山地、福井県白山南麓、九州山脈の村々などではソバはよく作り、また食べていた。しかしソバを主食として年中食べていたわけではない。ソバは特別の日の食べ物として多く用いられるか、あるいは間食として用いられた。間食として用いられるときはのべ板で、ソバ粉をのべて紐状に切る〔ソバキリ〕のではなく、椀などにソバ粉を入れ、それに熱い湯をかけてかきまぜ、いわゆる練って食べたもので、これをソバのカイネリ〔ソバガキ〕といった。またソバを団子のようにかためて、汁などに入れて食べることもあった。

ソバに限らず、稗、トウモロコシ、小麦などは粉にして食べることが多かった。

## 稗

もと稗はいたるところで作っていた。九州山脈中の村々では昭和二十年以前には焼畑の作物としてこれが多く作られた。宮崎、熊本の山中に特に多く、そこでは重要な主食であった。稗は粟に似ているが、色がねずみ色であった。その穂をとって、臼などで搗いて、実を穂から離す。その実は皮をかぶっているので、その皮をとらねばならないが、皮はなかなかとれにくかった。これをとるには実を火であぶって臼で搗くのが一番よかった。稗の実をあぶるにはケヤキの木皮で作った箕に入れて、イロリなどの火の上にのせる。箕がこげない程度に火に接近してあぶって、稗の実がサラサラして来ると、それを搗き臼に入れて搗くのである。すると皮と実が離れ、皮は箕でさびて実をとるのであるが、その量は皮をかぶっているときの半分になる。このようにして精白したものをハタキ稗といった。

石臼の製粉（『大和耕作絵抄』より）

稗を精白するのは今一つの方法があった。それは稗を煮るか蒸すかして乾し、臼で搗くのである。そのとき皮として失われるものが三分であった。このようにして精白したものをニベ（煮稗）といい、この方法なら七分の分どまりがあったのでニベ七合という言葉があった。しかしこの方は味が悪かった。
このように精白したものを炊いて食べることが多かったが、炊きたてのときはハタキ稗ならば実にうまかった。だからこれは上等の食べ物といってよかった。ところが冷めて来るとバラバラになって食べにくい上に味が悪くなる。そこで湯や茶をかけて食べたものであった。土地によっては麦にまぜて炊いて食べることもあった。私はこの稗を九州山中、四国山中、奈良県山中、白山麓、山形県、岩手県北上山中などで食べたことがあり、昭和二十年以前には稗を作っているところが広かったのである。

また、土地によっては稗を炒って挽臼で挽いて粉にしたものを食べる例もあった。徳島県の山中にはそれが見られ、これをヘノコといったが、ハッタイという言葉も聞いた。ハッタイはハタキ物のことで、ハタクとは搗きくだくことである。徳島県山中ではヒエの粉を弁当などに用いることが多く、木の葉などですくって口の中にはねこみ、茶や水を含み、口の中でこねて飲みこむ。〔註：ハネルの解説183頁にあり〕

## トウモロコシ

トウモロコシは穂に実のついたのをそのまま焼いたり煮たりして食べることもあったが、穂から実をとり、それを炒って挽臼で粉にしたものをヒエの粉と同じようにはねて食べることがあった。昭和十六年に私は四国山中を歩いたことがあるが、どこの家もトウモロコシの苞をむいて実を出したものを軒下に吊したり、家の前のハサ木にかけてあるのを見かけた。このような風景は四国山中ばかりでなく、九州、近畿、中部の山地などでも見かけたものであるが、見あげる傾斜畑の上の方にハサ場があり、そこに赤い実のトウモロコシがかけてある。その上にすき通るように青い空がある。それは印象に残る風景であった。そのトウモロコシを粉にしたものを農家でもらって弁当がわりに持ち歩いたことがあった。飯盒に一杯入れて持っておれば何日も食べることが出来た。粉ははねて食べるだけでなく、茶碗に入れて湯をかけて練って食べることもあった。

トウモロコシは畑全面に植えることもあり、畑の畔などに一列に植えることもあった。幅の広い大きな葉がよくのびて畑一面を掩っているような風景も山村ではよく見かけた。その葉が八月頃になると風にゆれてサヤサヤと鳴ることがある。その音を聞くと、秋の来たことをしみじみと知らされる。

## 小麦

小麦は皮が厚くて、搗いても皮のとれるようなものではない。挽いて粉にするより他に利用のしようがない。粉にしてフスマをとり去り、粉を水でこねて団子にしたり、板の上でのばして切ってうどん、ひやむぎ、きしめんのようなものにし、またさらに細く、そうめんにして食べた。このような製法は日本在来のものではなく、中国から伝来したであろうことは饂飩、索麺という文字からでも推定できるのである。うどんもそうめんも団子ももともとは特別の日の食べものであったと思われる。しかし小麦を多く作った武蔵野台地では、その粉を水で練ったものを鉄板の上で焼いて常食や間食にしている。これをタラシといったという。

うどんという言葉は関西で多く使われた。関東の農村で多くひやむぎといっていたが、それはゆでて冷ましたものに垂《たれ》をつけて食べるからであるが、またこのひやむぎを煮込みにすることがあり、それを煮ボウトウ、ハットウなどといった。山梨県東部山村ではハットウは法度で、煮込みに猪の肉などいれると大変うまいものであるから、そういうものをたびたび食べることを禁じられていた。だから法度といったのがハットウというようになったのだと聞いたが、ハットウはハッタイ、ハタキ物とおなじ意味の言葉ではなかったかと柳田先生はいっておられ、ホウトウもまた同じ言葉の範疇に入るもののようである。このように小麦は粉にしてそれを水で練り、ひろくのばしたものを紐状に切って、ゆでて食べることが多かったのであるが、さきにもいったように団子にして食べることも多かった。

### 餅

それも特別の日には小麦粉だけを練って団子にし、アズキをつけたり、時にはアズキを中に包んであん餅にしたりして食べるこ

そうめん屋（『職人尽図巻』より）

とが多かったが、日常には小麦粉にサトイモをゆでて練りつぶしたものをまぜて外皮にし、中へ野菜や漬け物などをいれた餅にし、それを焼いて食べることも少なくなかった。特に関東の西部から北部へかけては朝食にこれを食べることが多く、この食べ物をアンブといっていた。アンブをイロリの熱灰の中に入れておくと焼ける。それをとり出して灰を払いおとし、茶を飲みながら食べたという。

サトイモはイモのままをゆでて食べることもあったが、練りつぶして餅にして食べることが多く、これをカイモチ（掻い餅）といったが、サトイモだけを餅にし、それにきな粉やアズキをつけたものは上等の食べ物の一つであった。中国地方の山村ではこれにリョウブの葉などを加え、さらに食う物の不足するときは藁の芯を鋏で短く切ったものを搗臼で搗いたり、挽き臼で挽いたりして粉にしたものをまぜて、餅にして食べることがあった。これをガワモチといったという。これはどうにも喉を通るような代物ではなかったので、イロリのふちを握りしめてぐっと飲み込んだものであるという。

## マンジュシャゲ（彼岸花）

秋になると田の畔に真赤に咲くマンジュシャゲはいかにも美しく、野の風景をはなやかにするものであるが、あの花の根も山村地方では重要な食料であった。マンジュシャゲのとくに多いのは高知県の山村であった。吉野川流域の村々を稲のうれる頃に歩くと、いたるところにこの花が赤い毛氈を敷いたように咲いていた。この花の根はラッキョウのような球根をなしているが、強い毒素をもっていて、そのまま食えば血を吐いて死ぬという。その根を掘って水であらい、それをゆでる。充分にゆでて半透明になると、それを目籠などに入れて流水にさらす。二昼夜もさらせば毒はぬけてしまうので、それをとりあげ、水をしぼって、搗き臼で搗いて餅にするのである。それだけでは固りにくいので小麦粉をつなぎに入れることもある。シレエモチといった。私はそれを食べたことはない。しかしこれを食べた話は私の郷里の方にもあったし、山口県岩国奥の山中でも聞いた。山間では日常の食べ物になっていたが、平野地方では飢饉などの時の救荒食物として利用されたものであり、阿波藩、土佐藩ではその栽培をすすめたというから、秋の野をいろどるこの花は意識的に植えられたものが多かったと考えるのである。

## かゆ

このように米以外のものにたよらなければならないのは山間や畑作地帯の村々だけではなかった。讃岐のように広い平野を持つ国でも農民の食うものがきわめてわるかったことは「栗山上書」によってもうかがうことが出来る。「栗山上書」は柴野栗山《しばのりつざん》の書いたもので、幕府へ奉った意見書である。柴野栗山は讃岐の出身で寛政の三学者といわれた一人である。その上書によると、「上田五反を耕作して米七石、麦七石を収穫するが、米の半分は年貢に納め、残りの三石余は売り払って一年間の雑用にあてる。三石を売ると金額にして三両あまりになる。そのうち村入用に一反について三〇〇文ほど出すから五反では一五〇〇文になる。それを差引くと三両に足らなくなるほどである。それで着物を買ったり、所帯道具を買ったり、法事をしたり、嫁取や婿入の祝儀などを出していると、その三両は消えてしまう。このようにして手もとに残る米はほとんどないので麦を食わねばならぬ。麦は腹のすくもので、百姓は骨折仕事するから一日に一人前一升は食うことになる。家内七人あるもので、七石の麦では不足してしまう。そこでイモ頭だとか、ダイコンだとかを塩を入れて炊き食う所もある。また、キンカがゆといって、粟、籾（籾と申すものは米の皮である）に十分の一も米を加えて粉にし、それを湯でかためたものを食べる所もある。そうした生活の中で飢饉にあったり、旱損にあったり、あるいは病気のために臨時の物入りがあったりして、一年に銭の一〇〇文も余分に出すようなことがあると、骨髄の油をしぼられるよりもつらい思いをしなければならぬ」。この上書は寛政の頃（一七八九～一八〇一）に書かれたものと思う。世の中は次第に幕末の高度成長期に入りつつあったときであるが、瀬戸内海の産業条件のめぐまれたところでこのようなありさまだったのだから、讃岐より条件の悪かったところの生活が思いやられるのである。

「栗山上書」にキンカがゆの話が出ているが、近畿から瀬戸内海地方にかけてかゆを多く食べた。奈良県では茶がゆを多く食べた。大和の茶がゆはひろく世間に知られていた。茶を煮出しておいて、それの中に米を入れる。あるいは茶袋の中へ茶を入れたものを釜の水の中へ入れ水が煮えたった頃に米を入れる。茶がゆは湯が多くて米が少ないからすぐ腹が減る。そこでサツマイモを切り込むことがある。イモがゆである。ダイズや蚕豆《そらまめ》のとれるときにはそれを入れる。豆がゆである。時には小麦の団子を入れることもあるが、大和地方ではハッタイ粉を入れることが多かった。大和地方では大麦を炒ってそれを粉にしたものをハッタイ粉またはコバシといい、湯で練って食べることもあれば、粉そのままをさじや木の葉ですくって食べることがあったが、これをハネルといった。ハッタイ粉は間食として用いることが多かったが、その粉をかゆに入れることがある。すると湯がどろどろになるので、泥がゆといった。河内（大阪府）では白かゆを食べることが多く、瀬戸内海の島々では茶がゆが多かった。しかし米のみを炊いた茶がゆは少なく、サツマイモを入れるか、サツマイモを粉にしてそれを団子にしてかゆに入れることが多かったし、米のかわりに麦を炒ってかゆに炊くこともあった。

かゆは常食であったが、三度の食事がすべてかゆであったわけではなく、昼食は飯であった。それも米だけではなく、麦をまぜたものである。そして副食物も昼間は栄養もあり、また量を多くとった。夜は昼飯の残りを食べ、副食物は別に炊くこともあった。

かゆをなぜ食べたか。それは栗山もいうように米は年貢としてとられてしまうことも理由の一つであったが、瀬戸内海の島々は畑が多く、水田は少ないか、あるいは全然ない島もあったから、食料を自給することを原則とした藩政時代から、それが慣習化した明治時代にあっても米飯を食べる機会は少なかったのである。

それでは水田の多かった大和（奈良県）、河内、和泉（大阪府）地方で、どうしてかゆを食べたかというに、この地方では水田に米を作ることをやめて、冬はナタネ、夏は綿を作ることが多かった。その方が利潤が多かったのである。江戸時代の中頃には大阪平野の七割までは綿を作っていたという。その綿を売ったり、糸につむいだりしたから、水田百姓といえども米は買って食べなければならぬ者が多かった。したがって米を食べることも出来るだけ節約したのだと、この平野に往む古老たちは話していた。しかしかゆだけ食べたのではすぐ腹が減ったので、かゆの中に何かを入れた。さきにも書いたように団子、ダイズ、蚕豆、サツマイモなどが多かった。それでも腹がよくすくので、食べる回数を多くしたのである。それでも米のかゆの食べられる土地はよい土地で、麦がゆや麦飯のみしか食べられぬところが多く、米を食べるのは一つのあこがれであった。老人が死ぬる前に「せめて米の音がききたい」というので、竹の筒に米を入れて振って見せ、「これが米の音である」といったという話があり、これを振り米といったというが、米を持たぬ農民の心理をよくあらわしていると思う。土地によっては死にのぞんだ病人に米のかゆを炊いて食べさせたいともいっている。

## 秋仕奉公

そして米を入手するために皆苦労したのである。私の郷里の周防大島では明治中頃までは秋の稲刈頃になると、若い娘が三々五々組になって山口県の山間の比較的田の多い地方へ稲刈にいく風習があった。これを秋仕奉公といった。山間の農家へ雇われて、その家の稲刈から稲扱き、籾すりまで手伝って帰るのであるが、一日の労賃がもらって食べて米一升であったから、四〇日働いて米一俵もらって帰るのをよい稼ぎとした。その米で正月を迎えることが出来たという。秋仕奉公の話はわれわれの郷里だけではなく、内海の島々にはひろく見られ、広島湾内の倉橋、能美の島々からは、広島奥の村々へ、三原、尾道沖の島々からは、御調郡山間の村々へ稲を刈りに出かけたものであるという。三重県志摩地方の海女の村でも夏のアワビとりの終ったあとは近畿各地の村々の農家へ稼ぎにゆく風習が見られた。濃尾平野などへはずいぶん多くの女が群になって働きにいったと聞いたが、その他、大和（奈良県）山中の村々へは三人か四人が連れ立って出かけてゆき、昭和の初め頃には大阪府の河内や和泉の村々にまで志摩の娘たちが働きに来ているのを見かけた。

皆米を入手するのが目的であった。山口県滝部や福岡県田島には奉公市というのがあって、沖の島々の若い男や娘がその市に出て農家の人びとと契約を結んでそこに働き、米をもらって来る風習があった。後には年季奉公を勤める者もあって、もらうのが米ばかりでなく、女なら嫁入道具など整えて帰る者もあったというが、もとはそうした穀寄せ奉公はいたるところに見られたのではないかと思う。土佐（高知県）の山間地方では、香長平野へ稲刈に出てゆく風習があり、これをも秋仕奉公といっている。山間に田が少なければ平野へ米を求めて出てゆくのは当然のことであったと思われる。

最近（昭和五十二年）訪れた琵琶湖の西北方の朽木村生杉《おいすぎ》というところは山間ながらやや広い平地があるが、そこへは大正時代まで若狭（福井県）の方から若い娘が農家働きに来ていたという。若狭の海岸地方には水田も多いから、その方へ稼ぎにいってもよさそうであるが、それを山中の村へ稼ぎにいったのは山中の村の方が人情が厚かったからであるという。

このようにして得た米は一年の中の正月とか節句、盆、あるいは招客のときに食べるのにあてて、日常、食べることはほとんどなかった。そしてそのような働きをしたのはほとんど若い娘であったが、そのような習俗は土地によっては大正になってはじまったところもある。北海道の西海岸の羽幌《はぼろ》の町の沖にうかぶ、天売《てうり》、焼尻《やぎしり》の二つの村は、もと漁業を目的にして人の定住したもので、島には農業らしい農業はない。ところが石狩川流域の平野に水田が開けるようになって、この島の娘たちは石狩、空知の平野の良家へ、秋になると稲刈に出かけてゆくようになった。そして労賃として米をもらって来たのであった。

## 出作

米の産地が遠くにある場合にはこのようにして、産地まで働きに出かけて米を入手する方法がとられたが、米の産地の近いところならば、そこに土地を求めて耕作に出かけていった例も少なくない。沖縄県の西表島《いりおもてじま》などはそのよい例で、西表島には水田を開くほどの水も平地もある。そこでその周囲にある竹富島、小浜島、鳩間島の人びとは西表島まで稲を作りにいったものであった。このようなことが習俗化していったのも、それなりの理由があったようで、もとは平和な島であったのがいつの頃からかマラリア蚊がはいって、多くの島民が死に、一村が死にたえた所が少なくなかった。そのようすは笹森儀助の『南島探検』に書かれていて胸をうたれる。そのように人の住めなくなった島でもそこに水田があるということで、作りにいく人がいたのである。島から通えばマラリアの被害をうけることも少なかった。マラリアの被害のないところであって、島から本土への田を作りにいった話はいくつもある。山口県徳山沖の大津島は本土の方へ水田を求めて、そこへ毎年耕作に出かけるので知られていたが、熱海市の沖にある初島なども、島には水田がないので、伊豆半島の伊東や長岡あたりにまで水田を求めて、昭和二十年以前にはそこへ作りにいっていたという話を聞いた。

このような話は山間地方にもあった。山口県萩市の東方に福栄という村がある。そこの佐々連《さされ》部落は今はダムのために水没してしまったが、せまい谷間にあって、紙すきを業として暮しをたてていた。この村の人たちは、そこから四キロも五キロも離れたところに水田を求めて耕作にいっていた。それに似た話は備後（広島県）の山中などにもあった。この地方は台地が多く、台地の上に村がある。そしてそこには水田も見られる。ところが谷間はせまく、かえって谷間の村には水田がなく、台地の上に水田を求めて、谷間から作りに登っている話をきいた。いまは水利事業が進んで谷間にも水田が開けているが、中国山地では谷間から台上へ田を作りにいった例が少なくなかったようである。

## ドングリ

われわれの先祖が米を食べようとした努力は大変なものであったがそれでもなお米を入手することのむずかしい離島や海岸や山中の村々の数は多かった。これまで秘境といわれて来たような村の中、平家の落人伝説のあるところには不思議に水田のあるところが多かった。しかし日向（宮崎県）の米良、椎葉、肥後（熊本県）五家荘などはほとんど水田がなくて、稗やソバを主食にしていたが、その他にドングリをひろって来てそれを搗きつぶし、糟《かす》をとって水にさらしデンプンだけにして、それを煮て餅にしたりかゆにしたりして食べる風習は昭和二十年以前にはよく見られたところで、そのような食べ方はおそらく縄文時代以来のものではないかと思っている。ドングリを食べる村はもとはきわめて多かった。救荒食物として保存しておき、時にこれを餅やかゆにしたのだが食べるまでの手続きがかかりすぎるのでおのずから食べなくなったのであろう。

## 栃

中部地方以北の山深い村では栃の実を貯えておいて、これを割って実をとり、灰汁でその実を煮てアクをぬき、搗いて餅にして食べるところが多く、越前（福井県）穴馬の村では栃の木を娘が嫁にいくとき財産の一つとしてやったから、毎年栃の実のおちる頃には娘がかえって来て、それをひろって俵につめて持って帰ったという話をきいた。話を細かく詳しく聞いたのでないから、男の私有財産としての栃の木があったかどうかを確めていないが、女から女へと継承されていく栃の木の話にふかい興味をおぼえたことがある。この話を聞かせてくれた一家の人々は実に親切で、その翌朝わざわざ栃餅をついて御馳走してくれた。その家を出て油坂峠のトンネルをぬけて、美濃（岐阜県）側へ出ると、そこでは栃の古木を伐りたおしている最中であった。何ともいえないほどいたましい思いをしたのであった。昭和十二年三月のことである。

ドングリ、栃にかぎらず、ワラビ根なども古くからの食べ物であったと思われる。それはおそらく自然採集時代―すなわち縄文文化の時代から食べ物として利用されたものであり、それが人びとのいのちをつないで来たのであり、焼畑耕作発生以前のものとして注目すべきものであろう。

## ワラビ

私がワラビに心をひかれるようになったのは昭和二十一年の春であった。秋田県仙北郡檜木内の谷を歩いていて、どの家からもホトホトと実に力のない音がしているのを聞いた。一軒の家に立ち寄って見ると、納屋の中で、キッという、丸太を彫りくぼめて船のようにしたものの中にワラビの根を入れて横杵で搗いているのであった。その納屋の外にはさらに大きなキッがあり、それには水が張ってあって、その中へ搗きくだいたワラビ根を入れて、根のデンプンを女たちが洗いおとしていた。そして糟はそのソバに積んであった。

デンプンはキッの底に沈澱してゆく。沈澱して上水が澄んで来ると、上水をすて、きれいな水をいれてデンプンをかき混ぜる。そしてまた沈澱させ、三回くらい水をかえると、真白なデンプンがとれるとのことであったが、そんなにきれいにするのはワラビ粉を売る場合のことで、自分の家で食べるときにはせいぜい一、二回水をかえるだけという。昭和二十年は凶作であった。食う物が不足するので、こうしてワラビ根を掘ってデンプンをとっているのだとの話であった。その家を出てしばらく行くと、水田の上の傾斜地でワラビ根を掘っている人びとの群があった。一日掘っても一人当りワラビ粉二升分の根を掘ることが出来ればよい方であるとのことであった。ここでは救荒食物としてワラビ粉が利用されていたのである。

ところが長野県乗鞍東麓の奈川村では大正の初め、養蚕業が盛んになるころまでは重要な食べ物であると共に換金の食品でもあった。明治五年の調査書にワラビ粉は年に五〇駄ほど出来、その代価が三三〇両ほどであり、麻布代七五両、ソバがら灰六五両をはるかにしのぐ村第一の産物だったのである。

ワラビ根を掘るのをハナ掘りといった。これは雪があっては掘れないから秋ホデラ（ワラビの枝葉）が枯れて雪が降るまでの間と、春雪がとけて、ワラビの芽の出る前のほんのしばらくの間に掘るのである。普通一人一日で一〇坪前後を掘ることができた。そして女なら四臼分、男なら五、六臼をとった。一臼分の根は二貫目で、それからハナが一升とれる。土地により、年によってハナの量はちがって来る。日当りのよいところに生えたワラビがハナも多いのである。掘って来た根は川などでよく洗って土をおとし、それを平たい石の上に

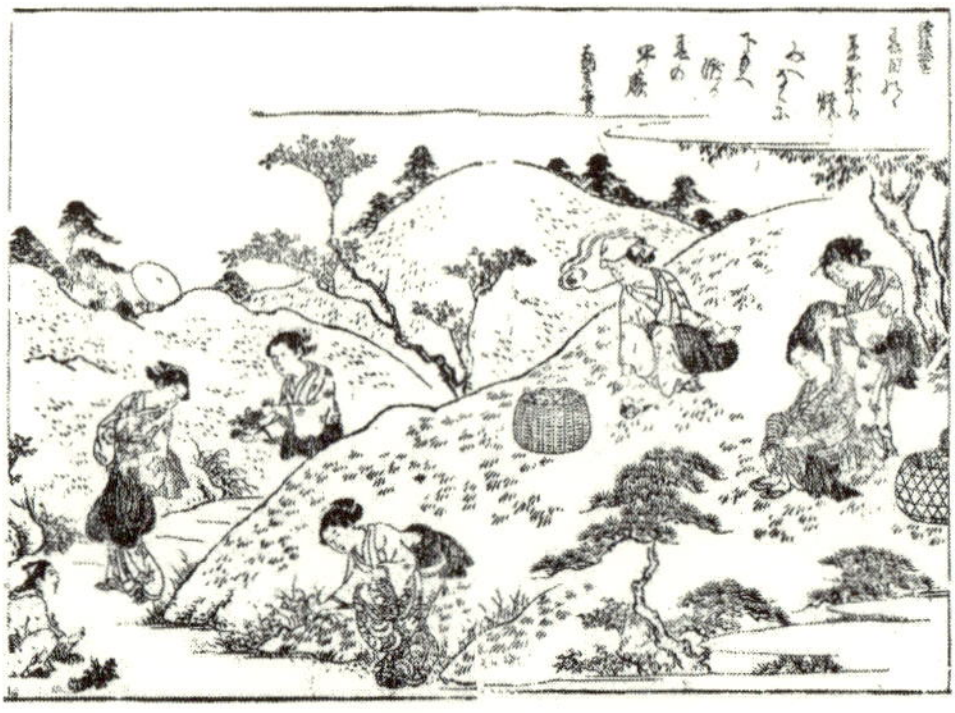

ワラビ摘み（『大和名所図会』より）

おいて横槌で叩いて根をくだき、それをモミ桶に入れて、よくもんでハナを洗いおとし、それを洗ダライにコシキをのせた上からそそぎこむ。コシキには布がはってあるから、ゴミはコシキに残りハナは水とともに洗ダライに落ちる。そのハナを大きなハナ桶に移して沈澱させる。すると上の方には黒バナがたまり、下の方に白バナがたまる。水をきって黒バナをかき取って乾かし、白バナは桶に入れたまま乾かす。白バナは商品として松本へ売りに出したが黒バナの方はソバ粉と混ぜたり、ヨモギなど加えて、煮て、餅のようにして食べたもので、時には栃といっしょにして餅にすることもあった。このようにして大正の初めまではこの地ではワラビ粉が主要な食べ物であったという。

　この話は私の心を強く打ったのであるが、このような食生活は決してこの村ばかりではなかったようで、青森県下北半島の村にも、ワラビの生える広い共有地があり、そこを春になると火をつけて焼いて、若いワラビをとったのであるが、昔はむしろ根を掘ってワラビ粉をとる方が主であったという。やはり秋の中頃から雪の来るまでの間の仕事であった。ワラビ野は村で管理されており、各戸で掘る場所も決まっていた。そこにワラビが豊富に野生していたので村が出来たのではないかと村の古老は話していたが、あるいはそうであったかもわからないし、それではいつそこへ村が出来たのか、それはわからない。しかし古い歴史をもっているのではなかろうか。野生のものを管理し、それをとって食べるということは耕作以前の人間の工夫による生活方法ではなかったか。

　とにかく日本の諸所には思いもそめぬほど古い生活のたて方が、昭和二十年頃まで残っていたように思うのである。

自然採集の生活は川や海にも見られた。そこに棲む魚介をとって食料にあてたことは縄文時代の文化の特色であったが、そのような生活は、昭和二十年代までは見られていたのである。

## 魚食

昭和十七年であったと思うが、私は能登七尾市のうちの漁村でタラ飯を御馳走になった。私は時雨の降る夕方その村の旧家にとめてもらったのであるが、その日の夕方たくさんのタラがとれた。タラの腸を出してゆでて、骨をぬき、身をすりつぶしたものを食べるのである。とりたてのタラは生臭さは少ない。あたたかいうちに食べるとうまいものである。そしてそれだけを腹の大きくなるまで食べる。タラのとれる頃になると、タラ飯を主食にすることが多いし、またタラをとって腹を割ったものを軒下などに吊り下げてほしておき、それのある間は間食ともつかず主食ともつかずして食べたものであるという。

そういう食べ方は下北半島にもあったという。陸奥湾へは年々多くのタラが入って来た。それをとって、生魚を煮て食べもしたが、乾したものをも食べた。その乾ダラが八月頃まで軒下に吊りさげてあるのを半島南岸の村で昭和三十八年に見た。その頃まではタラが主食の一部として食べられていたのである。

対馬では昭和二十五年頃までイカが主食として食べられていた。対馬はイカのたくさんとれるところで、それは開いて乾してスルメにして出荷していたが、とれたものをそのまま主食として食べていた。対馬の東北海岸の漁村の食生活を調査した人の話によると、一週間くらい毎日イカばかり食べている。他のものはほとんど食べていない。そのあとはまた麦飯ばかりになっている。つまりイカがたくさんとれると、イカが主食になり、とれなくなると麦になる。イカのときはイカだけだが、麦飯のときは味噌や塩が用いられていた。つまり、そのときとれるものが主食になるという古い食生活が行われていたのである。しかもタラの方は煮て食べているのであるが、イカの方は主として生で食べていたという。日本人が魚を刺し身といって生で食べる習俗をもっているのは、そのはじめ、魚を主食として生で食べていたことの名残ではないかと思っているが、それでは魚がどれほど食べられていたであろうかということは、今日では容易に明らかにすることは出来ない。

しかし獣肉などよりは魚肉の方がはるかに多く食べられていたことは、『延喜式』に見える神供が大半、魚であって獣をほとんど用いなかったことにうかがわれるのであるが、その魚の多くが川魚か、川にのぼって来る魚であることは注目されていい。すなわち、コイ、アユ、フナ、サケ、アメノウオなどであり、そのうちサケ、アユが圧倒的に多い。サケはあるいは主食たり得たのではないかと思われる。

東日本に縄文の遺跡の多いのもあるいは魚食に関係があったと見られないこともない。そしてそれは平城、平安の文化にも大きな影響を与えていたと考えられる。

以上のように昭和二十年以前には日本各地に米食以前の食生活の様式が残っており、それはそれぞれの土地で生産されたものを中心にしていたものであった。

## 米食へ

このような生活様式以外の地、すなわち、地方で生産された米が年貢米または商米として農民の手から離れ、城下町や商人町や宿場町などに集まって来て、そこに住む人たちの食料として消費され、そこに生産者と消費者との間に食料構造の差が大きく見られたのである。そしてそこで生活している人たちは日本中の者が米食をして来ていたように考えていたが、かならずしもそうではなかった。しかも町場と名のつくところへ集まって来た総量でも一〇〇〇万石をこえることはなかったと考える。だから米を常食にしたと思われる人は案外少なかったのであるが、人びとはみな昔から米を食べて来たように思っていたのである。そのように米以外のものにたよることの多かった人びとが米を食べるようになったのはいつ頃からであろうか。また何が原因であっただろうかというように、それはきわめて新しいことであって、実は太平洋戦争中に食料統制が行われ、配給米制度が確立されてからではなかろうかと思われる。食料統制の行われたとき、はじめは一人当り四合、後には二合五勺、さらに終戦頃にはそれも守られなくなったけれども、山間の村々などでは戦争のおかげで米が食べられるようになったという声をよく聞いたし、現実にまた私なども山間の村で米食の御馳走にあずかるようになった。肥後(熊本県)五家荘で聞いたところであるが、米の配給があるようになったとき、みな米が食えるというて大変喜んだ。ところがその配給米をうける場所が砥用《ともち》というところである。それは村の北にある二本杉峠をこえておそろしく長い坂道を下った谷にある。そこへ一軒一軒の者がわずかばかりの米をとりにゆくには無駄が多すぎるので、人をたのんで取りにいってもらうことにした。しかし誰も引受けてくれる者がない。長い坂道を重い荷を負うてのぼって来るのは容易でないからである。そこで高い運賃を出すことにした。そのため公定価格の五割高の米を食べねばならなくなったが、それでも米を砥用から負いあげて食べたという。土佐（高知県）寺川なども世間なみに米の食べられる世の中になった。これも戦争のおかげといって喜んだという。米の配給をことわった山村はほとんどなかったのである。このようにして山間へ米が入り込んでいった。つまり日本人全体が米を食べるようになったのは昭和十七年頃からだったのである。

その前、山間地方で米を食べるようになったことがあった。それは大正七年のことであった。この年八月米価が暴騰して米騒動がおこり、各地で焼打事件があり、それが全国へひろがっていった。政府は米価を安定させるために外米を輸入した。これを唐米とか南京米といった。米の味は悪かったけれども白かったので、貧しいものはこれを買って食べた。この米が平野に近い山村にも普及して山村民の間で食べられた。そのことによって米の味をおぼえ、やがて日本米を買って食べるようになった村が少なくなかった。

日本で国勢調査がはじめて行われたのは大正九年であったが、その第三回目が昭和五年であった。その一〇年の間に山村はいずれも人口の減少が見られた。なぜ人口が減ったかについて近畿地方山村の役場からアンケートをとったことがあるが、その中に「都会へ出ると米が食べられるから」と答えたものがかなりの数にのぼっていた。いったん米の味をおぼえると、もとの雑食には容易にかえることのできない人も少なくなかったのであろう。このようにして米の味にひかれて都会へ出てゆく人もふえたし、また山村へも米が漸次流入するようになっていったのである。

しかしそれが広く各地にゆきわたらなかったことは、さきにあげた多くの例でもわかることで、戦争末期の食料統制のおこるまではなお多くの差が見られたのであった。いわば日本人は植物性の雑食に長い間慣らされて来た国民であった。そして雑食の故に健康を維持して来たのではなかったかと思われる節もすくなくない。そうしたことについてもう少し反省してみたい。

# II　イモと生活

## サツマイモの伝来

江戸時代の中期以降は日本の人口はほとんど増えなかったといわれている。関東・東北地方ではむしろ減少したのではないかと思う。人口がふえなかったのは凶作が相ついだためでもあるが、主食を米にたよろうとした者が多かったのではなかろうか。山間地方では稗やワラビなどをも主食としたけれど、平野地方では米以外のものはほとんど作らなかった。水田のほとんどが湿田で裏作は不能であり、夏、米を作るだけで冬は何も作らなかった。しかも藩の財政を米の生産によってまかなっているとすれば財政の膨張を極力押えなければならないばかりでなく、人も増やすことが出来なかった。凶作がなくても堕胎や間引で人は増やさないようにしたのである。

それに対して西日本は若干事情がちがっていた。ただし江戸中期すなわち十八世紀の中頃までは人口の状況は東日本と大差なかったと思うのであるが、その頃サツマイモが西日本全体に作られるようになっていった。サツマイモはアメリカの産で、コロンブスのアメリカ発見によって、アメリカの植物の数々がヨーロッパへもたらされるようになるが、サツマイモもその一つである。そのほかにジャガイモ・トウモロコシなどがあり、後にはいずれも日本の重要な食べ物になっていく。

サツマイモの日本への渡来経路は二つあった。その一つは平戸へもたらされた。元和元年（一六一五）のことである。琉球からもたらされたので琉球イモといった。赤色系のイモであると思う。そして琉球イモの名で各地へひろがっていった。今一つは薩摩へもたらされたもので、これは平戸への伝来より九〇年あまりおくれた。白色系のイモであったようだ。このイモがひろく各地にひろがるようになるのは、一つは享保十七年（一七三二）の飢饉のあと幕府がこれをすすめたからであった。それまでに西日本へはかなり分布を見ていたように思われる。薩摩を経由してひろがっていったものは一般にサツマイモといったが、明治になるとサツマイモが標準語化して、琉球イモということばは消えていった。

このイモはもともとあたたかいところによく育ち、関東の北部から東北地方にはほとんど普及しなかった。その最も厚味をおびて分布を見たのは九州、四国、瀬戸内海沿岸であった。そしてそれは畑で作られたから畑作地帯にひろがっていった。

サツマイモの栽培はいたって簡単であった。ちょうど稲を植える頃にイモの蔓を切って畑に挿しておけばよかった。はじめは小さいイモを植えたものであるが、蔓を挿しても活着して根を出しイモのつくことを知った。苗を育てることも簡単であり、植えてからの後の管理も楽で上手に作れば一反(一〇アール)に五〇〇貫から六〇〇貫とれる。それは米にくらべておよそ五石ほどにあたると思うから、当時の上田の出来高の二倍以上になる。ろくに肥料をしなくても二〇〇貫や三〇〇貫はとれたのだから食料の乏しいところでこれを多く作ったのは当然であったといっていい。

しかもサツマイモは貯蔵も楽であり、調製に時間をとらなかった。大きい家をもたぬ者は畑を掘りくぼめて庇や周囲を藁で囲い、その中へイモを入れ、上に掩《おおい》をして水が入らないようにしてその上に土をかけておけば春までは保存することができた。大きい家ならば、土間や床下に大きな穴を掘り、その中に入れて、上に籾殻をかけておけばよい。イモは強い寒さにあうと腐るからである。

## イモの食べ方

さてたべるときはそれをとり出して洗って大きいものは切って、釜の底に水を入れ、簀を敷き、その上にイモを入れて蒸す。蒸してやわらかくなれば、茶を飲みながらそれを食べる。茶の中に米を入れておけば、イモを食べた後で茶がゆを一杯ずつ食べるとさっぱりする。瀬戸内海地方に茶がゆの発達したのもそのためであるといっていい。サツマイモは常食にも間食にもなった。甘味があるので子供たちは腹が減るとこれを食べた。冷たいとそれはどうまくないが、火であぶってあたたかくするとまたもとの味になる。

イモを最もおいしく食べるのは焼くことであった。焼きイモは今も珍重されている。イモはまた茶がゆに入れたり、飯に入れて炊いて食べることがあった。砂糖の生産の少なかった頃にはイモは甘味をとることが出来るので一般に愛好されたといってもよい。だから、サツマイモを作らぬ日本海沿岸の北部地方へは瀬戸内海地方から北前船で運んで売ったものであった。サツマイモ一貫目が米一升と交換されたという。

もともとイモはサツマイモに限らずサトイモも重要な食べ物の一つであり、米を作る農家でもかならず少しずつのサトイモは作ったようで、昭和二十年以前に庄内地方を歩いてみると、田の隅に土盛りしてサトイモの植えてあるのを見かけたし、屋敷まわりの畑にサトイモを植えている風景は山間の村々ではいたるところで見られた。そしてこれを吉事の贈り物にもしたようで、長野県伊那谷のある豪農の家では邸前の一反ほどの田は主人が耕作することに決まっており、主人はそこにサトイモを作って出来上ったものを親戚一同に配って好誼のしるしにしたという。

そのような風習は越後平野地方にもあったという。ところが南蒲原郡の旧家では文化・文政の頃(一八〇四〜三〇)からサトイモのかわりにサツマイモを配るようになった。船で瀬戸内海地方から持って来たものだから、海岸地方から買って来る。平野の人びとは海岸地方を浜とよんだから、このイモをハマイモといった。ハマイモは珍重されたもので、それを親戚に配った記録を見ると多いもので一軒当たり三〇〇目、少ないのは一〇〇目である。そしてそれは毎年の慣例になっていた。サツマイモの珍重されたことがよくわかるのである。しかし、その産地でこれを毎日、食べなければならぬ人々は必ずしもこれを喜んだわけではない。

## イモと人口

サツマイモの生産が高まってから、西日本での食料事情は著しく安定した。畑で冬は麦を作り、夏はイモを作る。耕地が三反もあれば五人家族ならば食うて余るほどである。そこで山地を少しずつ開いていって食料をふやし、また人も増えていったのである。

この傾向は瀬戸内海地方に特に強かった。内海地方では早くから海水を利用して塩を生産していた。十六世紀の終り頃までは揚げ浜といって、浜を平らに整地して砂の上に海水をまいて日に干し、砂についた塩分を海水や濃い塩水（鹹水といっている）をかけておとしてさらに濃い鹹水を得、これを煮つめて塩をとっていたのであるが、海を埋め立てて石垣の堤で囲い、その中を水田のようにし、満潮のとき海水をその塩田の中に何本もつくられている溝に導きいれ、田面の砂にその海水を柄杓でまいて日干する方法をとった。この方法を入浜製塩法といったが、これによると能率もあがり、生産も高まって、内海地方から塩が各地へ送られることになった。

ところが大量の鹹水を煮つめるためには大量の薪が必要になり、内海沿岸の山々の木は伐りつくされて山の多くが裸になってしまった。そして岩肌の山をいたるところに見たもので、そのような風景は昭和三十年すぎまで続いたのであった。そのようにして木の伐られた禿げ山を開くことの出来るほど土があれば開いて畑にしていった。そしてイモと麦を作ったのである。耕して天にいたるというが、そうした段畑のあるところは、その畑の下の海のほとりに人家の密集した部落が見られた。

人口が増えると、その人口を利用して製塩業ばかりでなく、いろいろの産業がおこっていった。物資を運搬するための航海業、漁業、海岸を埋めたてたり、石垣を築いたりする土工、石工も

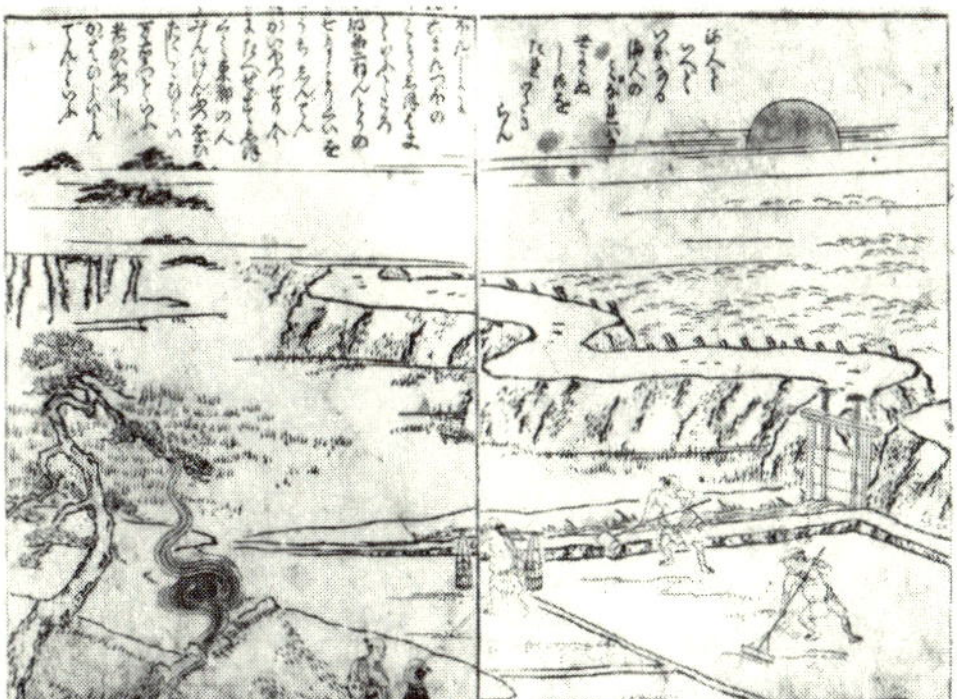

入浜製塩（『絵本続江戸土産』より）

増えた。さらに綿を作って糸をつむぎ機を織る仕事もふえて来た。このようにして私の郷里の山口県大島郡では元文三年（一七三八）から天保八年（一八三七）くらいの一〇〇年ほどの間に、畑を中心にした村々は人口が三倍に増加している。水田の村では二倍の増加であったから、一見して生活条件が悪いと見られる土地の方がかえって爆発的な人口増加が見られたのである。このような現象はひとりこの島のことだけでなく、内海の畑作地に一様に見られたところで、九州の北部から西部へかけても人口増加は目ざましかった。関東でも武蔵野台地の開墾が成功して農民たちがその土地に安定した生活をするようになるのはサツマイモの栽培がゆきわたったからであった。

サツマイモ飯（『日用助食 竈の賑ひ』より）

## イモの加工

そのイモはさきにもいったように切ったりあるいはまるいままで釜に入れて蒸したり、飯やかゆの中に入れて炊いて食べることがもっとも多かったが、中にはイモを薄く切って干し、それを搗臼で搗いて荒粉にし、さらに挽臼でひいて粉にしたものを団子などにして食べる方法もあった。いわゆるイモ団子である。またイモを切ったものをイモ粉で包んで蒸して食べることもあった。これはあん入りの餅に似ていて喜ばれたのである。

あるいはまた、小さいイモは切らないで煮て干しておき、それを焼いて間食にすることもあった。これは固いものであったが、菓子のかわりに子供たちに与えたものであった。

対馬ではワラビの粉と同じように、イモを搗きつぶして、糟をとり去って粉を沈澱させることも行っていた。この粉をセンといっていた。センはくさったイモからもとることが出来たものである。イモの中の繊維はくさっても、デンプンはくさるものではなく、くさった繊維の部分を取り除けば、あとにデンプンが粉になって残る。

## 出稼ぎ

人口がふえていくと、そのまま生れ故郷にとどまることがむずかしくなる。人は食うためにのみ生きているのではなく、何らかの仕事をし、その中に生きがいを見出したくなる。そのために新しい仕事と新しい世界をもとめて他へ出ていくようになる。はじめのうちは自分の家を中心にして他所で働き、盆正月には帰って来るというような出稼ぎが多かったが、明治になって、人はどこへいって住んでもよいことになると他の地方に移住する人もふえて来る。他の地方といえばそこに何らかの仕事のあるところであり、仕事の多いのは都会であったから、都会へ次第に人が集まり住むようになっていったのであるが、ひとり町に限らず、仕事があれば、山の中へも海の彼方へも出ていったのである。しかもその人たちはただ食うためにのみ仕事をしたのではなく、何かを残そうとして努力した。四国の山中などを歩いてみると、何百段というほどの棚田の開かれているところがある。それはそれぞれの土地の人たちが、そのはじめに開いたものであるが、その田の畔が見事な石垣で積まれているものが少なくない。石垣を積んだのはたいてい他所の人であった。雇われて仕事に来たのであるが、そのようにして山中の村々も生活のレベルが上っていったばかりでなく、稼ぎに来た人たちがその土地に愛着をもって住みついたという例が少なくなかった。石工ばかりでなく、木挽、大工、鍛冶屋のような人びとの多くは他から来てその土地に住みついたという経歴をもっている。

そういう人たちがまた、新しい仕事を村にもたらしたばかりでなく、衣、食、住の上に新しい風を吹きこんで来た。たとえば広島県の山中へは島根の瓦師たちが移住して石見の赤瓦というのを焼いた。この瓦は釉薬のかかったもので、赤い色をしているので、青一色の自然の中に、この赤色が映えて、村人の心を明るくひきたてたものであるが、興味の深いことは、この赤瓦の分布する範囲とほぼ重なってフカを食べる風習が見られることである。

## ジャガイモ

サツマイモは北陸・信越・東北では育ちにくかった。そういうところにはジャガイモが作られた。ジャガイモもサツマイモと同じく南米の原産で、南アメリカの発見によってアジアにもたらされたものである。ジャガイモは日本へはオランダ船によってジャガタラからもたらされたために、もとはジャガタライモといったものであるが、後にはジャガイモと呼ぶようになった。このイモが日本にもたらされたのは慶長三年（一五九八）でサツマイモの伝来より少し早い。しかしその栽培はサツマイモのようなひろがり方をしなかった。当時のジャガイモは粒も小さく、えぐい味のあるものが少なくなかった。どういう品種が多かったのか明らかでないが、小さいのが鈴のように生っているのが多かった。そのことから馬の鈴を思わせたので、小野蘭山がこのイモを馬鈴薯と名付けた。以後ジャガイモと馬鈴薯が併称されるようになった。そしてこのイモは甲斐・上野・信濃などで作られるにいたったもののようである。ということはこのイモを甲州イモ、または上州イモとよんでいる地方が少なからずあり、また飛驒代官幸田善太夫が、寛延元年（一七四八）に信濃から取り寄せて飛驒で作らせていることによって信濃でも作られていたと推察される。飛驒地方の人びとはこのイモを善太夫イモといった。一方このイモにはセイダイモという名もある。関東地方で聞くが、これは天明の頃（一七八一～八九）甲府代官の中井清太夫が救荒作物としてすすめたからであるといわれている。これは清太夫が他から取り寄せて作らせたものではなく、もとからあったイモの栽培をすすめたことにあったらしい。セイダイモという呼称の他に甲州イモという呼び方も広く行われていたのだから。

甲州イモが訛ったことばか、あるいは別の言葉かわからないが、ゴウシウイモ、ゴショウイモなどという呼び方もある。ゴウシウイモは豪州から来た品種があってそう名付けたものかとも思われるが、甲州イモが訛ったものかもわからない。ゴショウイモは五升イモで、イモ一つ植えると五升のイモがつくからそう呼んだともいわれている。しかしどのような品種であったかは明らかでない。山梨県下では昭和二十年頃まで紫色のジャガイモを作っている農家を時折見かけた。これが昔からの品種だと農民たちは話してくれたが、はたしてそうであるかどうか。

いずれにしても飢饉のあるたびに少しずつ栽培地が広くなっていったようであるが、サツマイモのように甘味がなく、ゆでて塩などつけて食べるか、味をつけて煮ておかずにして食べることが多く、サツマイモのような拡がり方はしなかった。そして種切れすることもあったようで、三河地方の文献を見ると、はじめ作っていた品種が久しく作られなくなっていて、幕末の頃に上州イモが作られはじめている。同じジャガイモでも品種がちがっていたものと思われる。

いずれにしても旧品種のジャガイモはあまりうまいものではなかったらしい。それを明治の終り頃北海道亀田郡七飯村の川田農場で早熟で粒の大きなジャガイモが作り出され、その農場の所有者が川田男爵であったことからこのイモを男爵と呼ぶようになった。味もよく収穫も多いところからこのイモは見る見るうちに各地に広がっていって、東日本で多く作られ、サツマイモに対抗するほどのものになっていった。

イモはサツマイモにしてもジャガイモにしてもサトイモにしても、土中で大きくなっていくもので、大きな日照のない限り、その収量が比較的安定している上にデンプン性のものであるから主食としても用いることが出来たのであるが、サツマイモを除いては多くの場合副食物として用いたのである。

明治・大正時代までは食べ物をうまく食べる工夫よりも腹いっぱい食べることのための工夫が大きかった。しかもそのような工夫に苦しんだのは町に住む人たちではなく、食べ物を作る農民たちであった。作った米の多くは租税としてとられるか、または生活費を得るために売らねばならず、米作をあまり多く行わない畑作地では生活するための経費を得ようとして農業以外の仕事に携わり、自分の家で食べるものは畑で作った雑穀やイモ類が多かったのである。しかもそういう生活が昭和三十年頃まで続いた。日本人が米ばかり食べて来たように思っているのはもともとは都会に住む人たちの錯覚であった。

## Ⅲ　食事の回数

### 一人扶持

江戸のような町では昔から米を食べて暮して来た。江戸に限らず年貢米の集まって来る城下町は同様であったと思われるが、田舎に住む者にとっては必ずしもそうではなかったことは以上の通りである。

そして米以外の食べ物は腹持ちがわるく、すぐ腹が減って来るものである。そこで食事の回数もおのずから多くなって来る。

まず米を中心にしてみてゆくと、十五世紀以前には米はほとんど玄米のまま食べられていたのではないかと考えられている。しかし完全な玄米ではなかった。今日では籾を玄米にするにはスレッシャーにかけて籾殻をとってしまうが、その前は土臼か木臼でひいて籾殻をとった。そういう米は完全にヌカで包まれている。ヌカで包まれている米が玄米であるが、土臼や木臼のような挽臼が出現するまでは米を搗臼に入れて杵で搗いて籾殻をとったものである。この場合早く殻のとれるものもあれば容易にとれないものもある。するとすべての籾の殻がとれてしまうまでには米によってはヌカもずいぶんとれたものが交って来ていたはずである。つまり半白になったものがあった。すっかりしらげて白米にして食べると米はほんとうにうまいものであると思った人もあるであろうが、多くの人は半米のまじった玄米を煮るか蒸すかして食べたもののようである。

ヌカのついた米は比較的腹持ちのよいものである。そこで玄米を食べた頃には二食であっただろうといわれている。一日の食料は米五合で、それを二つに分けて二合五勺ずつ食べる。昔は宿屋にとまると二合五勺が一食に決まっていて、二合五勺の枡で客の数ほどはかって飯を炊いたものである。そこで二合五勺の枡をハタゴ枡といった。ハタゴ〔旅籠〕というのは宿屋のことである。

また、武士たちが扶持米をもらうのに、五合を一人扶持としたのは一日に五合が定量であり、それは二合五勺を二回食べる分量でもある。それでは現実に一日に五合ずつ食べた記録はないであろうかと思っていたら、和歌山藩の医者で寛永の頃（一六二四〜四四）生きていた人の記録に、一日に五合ずつ食べていたことがしるされている。この記録はもう二十年あまり前に見たもので、しかも資料が手もとにないのであいまいであるが、一日に五合ずつ、一回に二合五勺が原則であるが、日によっては朝二合、夜三合というような例もあって、毎回二合五勺食べたわけではなかったようである。しかし一日二回で五合という原則はほぼ守られていた。

## 午餉《ごしょう》

ところが、はげしい労働をするものは一日二回では夕餉までに腹が減ってしまうので、臨時に飯を食べるようになった。禅宗の僧から聞いたことであるが、禅宗の僧は旧暦四月十六日から七月十五日まで夏安居《げあんご》といって修行をしたものであるという。これは腹の空《す》くもので定時の食事すなわちトキ（済時）の他にヒジ（非時）の食事が昼間に出された。昼間の食事であるから午餉ともいったという。午餉を食べたのは夏安居の僧ばかりでなく、大工仕事をするものも同様であった。そこで大工をゴショウ、またはゴチョウと呼んでいるところが新潟から福井地方にかけて見られる。このようにして定時の食事の他に臨時の食事が昼間にはいり、次第に定着していった。

しかしそのように定着していったのについても、別の条件も加わっていたと考えられる。それは食事の原則が破られるような事態がおこって来たからである。日本は十五世紀に入ってから世の中の安定を著しく欠き、応仁元年（一四六七）以後は戦乱が相つぎ、食料事情は極度に悪くなる。そして一五六〇年（永禄三年）頃には京都では米はほとんど食べられなくなって、菜っ葉やダイコンのようなものを食べていたとガスパルヴィレラはヤソ会へ日本の様子を報告している。おそらく雑炊を食べていたものではないかと思われる。そしてそのような食料事情は京都ばかりでなく、日本全般に見られた状況ではなかっただろうか。米の中に野菜やダイコンやイモのようなものを刻みこんで食べる食べ方や、米をかゆにして食べることも、日常のこととして定着していったのではなかろうか。

## 間食

そういう食事のとり方は飢饉時に見られたものであるが、長い窮迫の生活が続いて来ると、そのような食事のとり方があたりまえのことになっていく。そして定食と定食の間に間食をはさんでいく。間食は今日ではカンショクと呼んでいるが、古くはケンズイと呼んだ。禅宗の僧の間で行われたことばであろう。今でも近畿地方の老年の人たちはこの言葉をおぼえている。そしてその間食は午前十時頃と午後三時頃にとられることが多かった。午前十時の間食を四ツ茶、午後三時のものを八ツ茶といった。午前十時は昔の四ツ刻であり、午後三時は八ツ下りであった。八ツ茶は午前ではないが昼間の食事であるからコビルとかコビルマなどと呼んでいるところが多い。今日間食のことをオヤツといっているのも八ツ茶から出たことばであろう。定食と間食の差、すなわち飯と茶の差はお膳が出るか出ないかにあった。

このように間食の回数がふえて来たことは同時に食事の質の悪くなったことを物語るものであった。そして間食の回数は土地によってはさらにふえていった。たとえば朝飯のまえに、起きてすぐ前夜の残り物を茶碗に一杯食べて、一働きして、朝飯を食べ、夕飯のすんだあと、夜業《よなべ》をして夜食を食べるというようなこともあった。各地の食習慣の報告を見ていると、このようにして一日に七回も食べることがあると報じた例もある。

それは特例であるとしても四回くらい食べるのは普通ではなかったかと思う。そしてそれは全国の農村に見られた現象であった。一つには腹持ちのよいものを食べることが少なかったことにもある。食べるものの多くがデンプンであり、脂肪、蛋白質のとり方が少なかった。

日本には牧畜はそれほど発達しなかった。鹿・猪などの野獣が多かったから、各地に狩猟は行われていたが、それも古代にあっては食料を確保するための重要な手段であったであろうが、中世以降農耕の発達に伴って、狩猟はむしろ農作物を守るために行われたことが多かった。

## 獣肉食

牛馬のごときも農耕のため、運搬のために飼育することはあったが、その肉を食うために飼うということはなかった。一つには野獣の肉を食うことは仏教思想の上からは穢れとされていたから、仏教の普及以来獣肉を食うことはほとんどなくなっていった。

仏教の普及以前には獣肉も食い、またこれを神にささげる習俗も存在したかと思う。たとえば神に仕える人びとをハフリといっていた。ハフリは今日、祝の字をあてており、祝を姓とする神職の家もある。しかし屠の字もまたハフリとよみ、動物を殺すことをも屠るといっている。動物を犠牲として神に供える役割をはたす者をハフリといったものではないかと思われる。猪、鹿などをとって神にささげる祭を行っている社は今も山間地方には点々として残っている。しかし、八世紀の頃仏教が国教同様になってからは殺生はしばしば禁止され、漁撈すらがとめられたことがある。そうしたことを境にして、獣肉を食べ、またこれを神に供えることが少なくなっていったと考える。ただ魚は十世紀に入ると禁令がゆるみ、神供にも魚が多く用いられることになる。

## 魚介食

もともと日本は周囲を海にかこまれており、また実に多くの川があって、海から川にさかのぼって来る魚も少なくなかった。アユ、サケ、マス、ウナギのようなものは多く海からさかのぼって来て川や沼をすみかとした。我々の先祖はそういうものを早くからとって食べた。

それればかりではなくて海岸はそこが砂浜になっており、しかも遠浅になっているところではアサリ、ハマグリ、ハイ貝などが多く、それらもまた食用に供することが出来た。そこで海岸や川のほとりに住む者は魚介をとって生活をたてている例が少なくなかった。それは関東、中部、瀬戸内海、九州西部の海岸地方に縄文、弥生時代の貝塚が無数に残されていることから推定され、また東北地方では川のほとりに古い住居地がたくさん残されていることから推定されるのである。

しかしそういう漁猟はきわめて簡単な方法で行われていたものと思う。大きい魚は釣鉤で釣り、あるいはヤスで突き、川魚などは簡単な網を張っておいて、そこへ魚を追いつめてとったり、筌《うけ》や魞《えり》や梁《やな》のようなものを用いてとったものであろう。

ところが海洋民の渡来によって船を用いて網をひいたり、釣り漁を行ったり、それも延縄漁《はえなわりょう》のような技術が工夫され、あるいはヤスで突きとり、時にはもぐって魚介をとるようなことも行われて魚食の習俗は漸次盛んになっていった。しかし、それが内陸にまで送り届けられることは少なかった。魚はくさりやすいもので、くさらないようにするためには魚を干物にするか塩漬けにして運ばねばならぬ。それらも牛馬の背や人の背で運ぶとすれば、その量は知れたものであり、その上高価になる。だから内陸地方の者は、正月や盆や祭礼、または結婚式のようなときに魚を食べる位のものであった。内陸に住む者で魚肉を食べようとすれば、

鮎梁（『山海名産図会』より）

川魚や池、沼などにいる魚をとって食べる以外に方法がない。日本人にとって最も大切な蛋白源としての魚すらが、年中充分に食べることが出来たのではなかった。そしてそのような歴史はつい最近までつづいていたのである。

そうすると、蛋白質は植物性のもので補わなければならぬ。それは主として豆類によってなされたのである。それもダイズが多かった。

心太売り（『江戸爵』より）

## 軽食

以上のようなことから食べ物の中で、食べて腹持ちがよくて、しかもカロリーが充分にあるというような食物は少なく、そのため何回も食べてエネルギーを補給する必要が多かった。定食として一日に三回食べるものは米、麦、粟、稗、黍のような穀物が多かったが、間食として用いられたものはイモ、ソバ、麦粉、その他、粉にしたものや練って団子のようにしたものが多かった。つまりいろいろのものを加工して食べたのである。

このように食べる物の種類と食べる機会が多かったのが、日本の食べ物の特色であり、そうした間食類は都市では早くからこれを売ることを職業にする者があった。甘酒、心太《ところてん》、焼きイモ、白玉、茶飯、汁粉、うどん、ソバ売りなどがそれであって、多くは荷をかついで行商していたから、通りがかりにそれを食べ、一時の空腹をしのぐことが多かった。そのような商売はまた道ばたに小店を張って営むことも出来、茶店と呼ばれる休憩をかねた店でも間食が売られていたのである。そしてそのような風景は人の往来の多い道のほとりにはいたるところに見られた。

これが日本人を無類の間食好きにしてしまったといってよいのではなかろうか。しかも経済がゆたかになるにつれて、この現象はいよいよ目を見はるものがあるようになっていった。ソバ屋、うどん屋、ラーメン屋をはじめ、最近はパン屋から喫茶店までこの範疇に入れるとすると、全く夥しい数にのぼり、さらに昔の街道筋の茶店が今日ではドライブ・インという新しい化粧で登場してから、まさに間食の氾濫時代になったといっていい。そして間食も軽食という言葉に改まって来たのである。そしていつでもどこでも軽食がとられるようになって来た。

## 雑食

もう一七年も前のことであるが、郷里の家ではじめ

焼芋屋（『東都歳時記』より）

てテレビを買ったとき、母がテレビを見てしみじみいったことがある。

「テレビの人はのべつなしに話している。話していないときは何か食べている。この人たちはだまって働くことがあるのだろうか。」

今のわれわれはテレビに慣れきっている。テレビというものはしゃべりつづけなければ間が持てないものと多くの人は信じている。音のない画面など考えようもない現代である。また、なるほどテレビの画面には物を食べたり、酒を飲んだりするところが多すぎるのだが、そうしたものを見ていて抵抗を感ずる人はそれほどないであろう。定食の他に間食をとる生活をして来た母にとって、テレビの画面に食べる場面が多すぎると感ずるほど、今日は間食時代になったのではあるまいか。最近では朝食を食べなかったり、昼食を食べなかったりする人が多いという。私自身しらべたことがないのでその真偽をたしかめたことはない。定時に食事をする人たちは減ったかも知れないけれど、間食の方の回数はふえているのである。そしてそれは時を定めずに食べられている。そのことは食堂やラーメン屋、うどん屋、ソバ屋などへいって見るとよくわかる。いつも人がはいって何かを食べているのである。しかもそれは雑食が多いといっていい。

日本人全体が米を食べるようになったのは、さきにも書いたように戦争のために食料配給制度が行われるようになったことである。それで、全国隅々まで米がゆきわたった。そして米の消費量もふえていったのであるが、日本人はもともと雑食の国民であった。しかも主食ばかりでなく、間食のほとんどは米以外のものであった。そしていまその間食が軽食と名づけられて大きな比重をしめるようになっている。一つには人びとが自家以外の所に職場を持つようになったことであろうが、間食を食べさせることが古くから職業として成りたっていたことの延長から、今日の現象も生れて来たと思われるのである。

そしてしかも自家で食事をする機会すらも都市生活の中では徐々に少なくなりつつある。しかし自家で食べる食事の中で獣肉の比重は漸く大きくなりつつある。

# Ⅳ　肴

## 肴と酒

われわれは食物を食べるにあたって、米、麦、粟、稗、イモのように大量に食べるデンプン食品の他に、栄養の補給を完全ならしめるため、蛋白質や脂肪に富んだものをも食べた。それは人間のからだが必然的に要求するものであった。その中で最も多かったのは魚介類であり、次に鳥獣類、野菜類、海草類などがあった。そしてそれは水炊きしただけで食べると、それほどうまいものではないが、塩を加えて煮たり焼いたりすると不思議によい味が出た。だから、これらのものは多く塩分を用いて味をつけて食べたものであり、主食物をとるとき、これらのものも一緒に食べるのでアワセモノなどといった。

主食の中に多少の塩分が加えられておればこれらのものがなくても主食物は食べられたもので、先にもあげたように一品を一食にあてるような食事法ももとは各地に見られたのであったが、米、麦、粟、稗などの穀物を主食にしたところでは、魚介、鳥獣、野菜、海草などが副食物として用いられたのである。そしてそれも貴族たちの食生活を見ると、多くの副食物が用いられていた。副食物の数が多いところからオカズという言葉も生まれたものであろう。

ところが、そのような副食物は主食物を食べるときその補助的な意味のみで食べられただろうかというに、どうもそうではなく、もともとは酒の肴として用意せられたものではなかったかと思われる。

神への神供として獣の献ぜられることが少なかったのは、獣肉を食べることを穢れありとして禁じられたことが原因であったと思うが、それでは獣を神に供えるのは獣の何が神に喜ばれたのかということになる。おそらくは血ではなかったかと思われる。もともとは血は神聖なものとされていた。神に犠牲の血を捧げることによって神の祝福を得ようとしたのであるが、動物の供犠が行われなくなることによって酒が神に捧げられるようになったのではないかと思う。『延喜式』に見る神の祭には必ずといってよいほど酒が供えられており、獣肉の供えられる神は竈神くらいのものではないかと思われる。このように獣の供犠に代わったものが酒であるということによって、酒は神聖なものと見られるにいたったのではなかろうか。

## 酒盛

古い酒盛はただ酒に酔うのを目的としたのではなく、神に供えた酒をわかち飲むことによって神の加護を得ようとしたもので、酒盛はもともときわめて儀礼的なものであった。

日本の酒は米を蒸し、これにコウジ菌をはたらかして発酵させて作るもので、醸造酒であって蒸溜酒ではなかった。そして中世末頃から行われた三度仕込みの酒ではなかったから、アルコール分は少なかった。その酒を皿のような盃で飲んだ。盃はずっと古くは一つの盃を上座から順々に末座にまわしていって飲んだもので、末座まで盃が一巡すると、次の盃がまわされる。それが一巡すると三つ目の盃がまわされる。だから酒を飲むにはずいぶん時間がかかった。盃が一巡する間に酔いはさめてしまう。十二世紀の頃には飲酒の時間をちぢめるため盃が二つまわされたのではないかと思う。『餓鬼草紙絵巻』や『後三年合戦絵詞』を見ると、酒盛の席に盃が二つ描かれている。そして酒の宴では歌がうたわれ、舞いが舞われ、琵琶なども弾じられたのであった。酒盛をウタゲといったのは歌餉ではないかとも推定される。

さてこの盃のまわされるとき、必ず肴が出た。それを食べて酒を飲んだのである。しかも一回ごとに肴はちがっていた。酒の肴を整えることを献立といった。

永禄四年（一五六一）三月に三好長慶の子義長が相伴衆に列せられたので、そのお礼に将軍足利義輝を京都立売北道の仮館に迎えてもてなした記録が『三好亭御成記』に見える。そのもてなしの献立は進士美作守が調進したものである。少し長くなるけれども左にかかげてみよう。

式三献　お手かけ　二重瓶子　をき鳥　をき鯛

初献　とり　ざうに　亀のかふ

二獣　のし　鯛　つべた

三献　するめ　ひしほいり　たこ

御ゆづけ　しほ引　やき物　をけ　あへまぜ　くこ　かうのもの　かまぼこ　ふくめ

二　たこ　くらげしる　たい　にし　からすみ　ゑび　あつめ

三　こざし　くぐい　かざめ　とり　こい

よ　酒びて　かいあはび　くじら　おちん

五　すし　うずら　こち　いか

六　はむ　あかがひ　ゑい

七　くま引　ふな　しぎ

御くハし　きそくこんにやく　ふ　きそくくるみ　うちぐり　のり　山のいも

むすびこぶ　くしがき　からはな　みかん

よ献　むぎ　御そい物立花焼

五献　おちん　いか　いもごみ

六献　まんぢう　御そい物　れうさし
七献　はむ　ゑい　あをなます
八献　三ぼうぜん　御そい物　まながつほ
九献　ゑい　いるか　すし
十献　やうかん　御そひ物あかがひ
十一献　ごんぎり　桜いり　ばい
十二献　ぎょかん　御そい物ふかのさしみ
十三献　けずり物　うけいり　さかびて
十四献　まきするめ　くじら　さざひ
十五献　くま引　くらげ　こち
十六献　つぐみ　かも　たいのこ
十七献　からすみ　せいご　はまぐり

この記事から、まず儀礼的な盃が三回ほど座をまわされ、それにつけて肴が出されたことがわかる。肴を食べ、酒を飲み、そのあと湯漬けが出た。それも七膳出た。そして一膳ごとに御そい物がついている。食事がすむと、また酒盛になって、四献から一七献におよんでいる。これは一つの盃がまわされたのではなく、銘々が盃をもって酒をうける穏座《おんざ》〔正式の勧杯《けんぱい》などが終わった後のくつろいだ宴席〕の酒宴であったと思われる。この席では余興も行われる。

それにしてもこれはどの盃ごとをするにはずいぶん時間のかかったものであっただろう。物を食べたり、飲んだりしていないときは、歌ったり踊ったりするような一日がすごされていたことが、この献立の中からうかがわれると共に、酒を飲むということが大変な行事であったことがわかる。そして酒の献立が料理を発達させていったといってもよいのではないかと思う。献立は実に夥しい数にのぼった。

酒を飲むのに肴を必要としたことは平安時代以来のことで、しかもそれは今日の酒盛においてもかわるところがない。ただ廻し盃がなくなって銘々が盃を持ち、それを交換して酒を飲むようになっている。この場合の肴は主食物に伴う副食物ではない。

このような酒盛は異民族にとって不思議な風習として目にうつったようで一八二六年二月十五日（日本暦文政九年一月九日）長崎をたって江戸へいったシーボルトが、出島から見送りに来た人たちと威福寺で別れの宴をひらいたときのことを記録している（『江戸参府紀行』シーボルト著　斉藤信訳　平凡社一九六七年）。

「一般に好まれているこの飲物は、われわれが普通想像しているような蒸溜酒ではなく、米から醸造したビールのようなものである。それを暖め、漆塗りの木杯か陶器でできている平らな盃で儀式張った挨拶をしながらお互にくみ交わし、それに添えて特別な副食をたべる。いわゆる肴というものので、その実体は、干したり塩漬けにした魚類、果実、ダイコン、ニンジンなど、キノコ、焼き菓子、卵料理などであって、小さく切って漆塗りか陶器の大皿にたいへんみごとにならべて出される。いろいろな余興が始まることもあるが、さもなければ酒宴はたいていそれだけで終るのである」

つまり酒を飲み、肴を食べるだけで、普通の食事をともなわない酒盛が行われており、酒を飲むためにいろいろの食べ物が用意されていたのである。このような酒盛に一般の食事がともなったものが、先にあげた永禄の頃の酒宴であって、酒のかわりに主食物を食べる場合には肴は主食物を食べるための副食物になって来るわけである。

このように主食物と副食物の分かれた食事法は酒盛の慣習から生まれたものであるといってよいのではないかと思う。そうしてしかもいろいろの種類の肴を作ることは酒をうまく飲むための重要な条件であったと思うが、主食物を食べるときの補食としては必ずしも適しているものとは言えなかった。むしろいろいろのものを一緒に煮るか、またはあえ物にして食べる方が、日常生活にあっては手もかからず、味もよかったから、一般の家庭では惣菜物が副食物として食べられることが多かった。

## 発酵

その前に食べ物をうまくして食べるための工夫がいろいろとなされてきた。物をうまく食べるためには穀物をしらげることも大切な要素であり、魚介や鳥獣肉を食べることもまた一つの方法であったが、今一つわれわれは物を発酵させて食べることを知った。そのことによって塩を添加したものの味がよくなっていった。

酒も発酵物の一つであったが、これは塩を添加しなかった。それで酒を飲むにあたって、塩を添加した肴を必要としたのであろう。

塩を添加して発酵させたものには味噌、醬油、酢、鮓、漬け物などがあった。味噌はダイズを煮、これに麦または米を煮たものを加え、さらにコウジをまぜて発酵させたものを塩を加えて臼で搗き、桶、壺などに入れてさらに発酵させたもので、醬油はダイズを煎り、麦を煮てコウジを加えて発酵させたものと塩とをまぜ、水を加えて桶に入れてさらに発酵させ、それをしぼって汁をとったものである。汁をしぼらないままのものを醬《ひしお》といった。その醬に海草をいれ、またハジカミ、ヒル、ワサビ、カラシ、タデのような刺激物を入れたものが鼓《くき》であった。昔は賞美された食品の一つであった。

酢は酒の酸化したもので、酢のことを辛酒《からざけ》ともいったが、柿の実などを発酵させて酢に作ることもあった。これには塩を添加することが少なかったが、酢を用いるときには塩を少し加えるのが普通であった。

醬油造り（『手造酒法』より）

鮓は魚肉を保存する方法として発達したものであると思う。アユ、マス、サケ、サバ、ハタハタなどを背割りにして塩をまぶし、さらに魚と魚との間に飯をはさみ、桶などに詰め蓋をして重石をのせておくと、飯が酸化して来て鮓になるのである。今日では米に酢をうって鮓にしているが、近世初期までは酢をうつのではなく、飯を発酵させることによって酸っぱくしたのであった。

漬け物もまた、野菜類を保存するのに、野菜を桶につめ、その間に塩とヌカをいれて蓋をして重石をおいて発酵させたものである。

このようにして食べると塩そのもののからさがとれて一種の風味の出て来るものである。そのため、野菜などの保存には発酵による方法が最も多くとられたのであるが、発酵を促すためには容器が必要になる。桶とか甕、壺のようなものである。その桶も鎌倉時代の終り頃までは曲物で作り、それほど容量の大きいものはなかったし、甕壺の類も大きなものを作るには高い技術を必要としたから、その産地は越前、近江信楽、尾張常滑、丹波立杭、備前などに限られていた。大きい容器で発酵させると味もよかったのである。

## 結桶と甕壺

大きな容器が作られるようになったのは板を円筒形に立て並べ、竹のタガでしめて作る結桶が発明されてからである。結桶の図は『福富草紙』などに見えているから、室町時代から多く用いられるようになったものと思う。そしてこの製作法によって大きな桶が次々に作られ、酒のようなものは大量に醸造されることになる。酒に限らず、味噌も醤油もたくさん作られるようになり、その生産も企業化して来るのである。

一方甕壺の類も近世初期になって朝鮮からすぐれた陶工の渡来を見たことから、前記の窯業地の他に九州各地に窯業が盛んになり、特に肥前は大産地になって各地へ陶器が船で輸送されることになる。そうしたことが味噌・醤油・濁酒などの自醸を盛んにしていったのである。桶の中には二〇石も入るものが作られ、甕の方は大きいもので五石入りというのが、肥前塩田や阿波大谷で作られている。

藍染に使う藍なども発酵によってよい紺色を出すことが出来るので、甕を用いて発酵させ、紺屋では土間に多くの甕を埋め、その中で藍を発酵させ、それに木綿糸を漬けて染色したもので、木綿糸の生産が盛んになるにつれて、紺屋も繁昌したもので、甕の生産が盛んになるにつれて、われわれの生活も次第に充実向上していったのであった。

ついでに桶や樽や甕壺のことにもう少しふれておきたい。結桶や結樽を作るには杉材を多く用いる。その杉材は節のない、年輪のまっすぐなものがよい。そういう材を胴切りして、鉈などで割って板材にするのである。そのような杉材は、杉が密生しているところでないと得られない。杉の密生地帯は大

結桶（『福富草紙』より）

和吉野から紀伊熊野へかけての一帯であった。そこで杉を伐って割って樽材を作り、人の背や牛馬の背によって和泉の堺まで運んだ。堺は室町時代以来、明との貿易港として栄えたところで多くの酒造場があった。その酒造場は江戸時代に入ると堺から海をこえた摂津の伊丹、池田、西宮などにもひろがっていったから、堺まで出された樽材は船で摂津へも送られるようになった。

摂津で作られた酒は船で江戸へ送られることが多かった。この酒を積んだ船が樽廻船であった。江戸の人たちは上方から送られた酒を飲むことが多かったのであるが、酒が送られて来るとそれを入れて来た多くの樽の処分に困った。一部の樽は上方へ送り返しもしたようであるが空樽は船にとっては積荷としては不安定なもので喜ばれなかった。すると江戸に多くの空樽が残った。その樽を江戸郊外の百姓たちは買い取って、野菜の漬け物をするのに利用したという。練馬のダイコン漬けなどもそのようにして発達したものだということを練馬の百姓から聞かされたことがある。

各地での漬け物の発達にはこうした酒樽の応用が大きかった。酒樽には四斗樽、一斗樽、五升樽、二升樽、一升樽などがあったが、漬け物もまた同様の容量を持った樽が利用されていたのはそのことを物語る。今日では陸上輸送が発達しているから、桶も樽も全国にゆきわたっているが、もとはそうではなかった。そして酒、味噌、醤油のようなものは船で輸送の便利なところに生産が盛んになっている。西宮地方の酒をはじめ、小豆島、銚子、野田の醤油、佐渡の味噌などもそのよい例ではないかと思う。

## 小さい壺

一方陶器の方も北九州で生産されたものは船で各地に運ばれた。陶器の積出しは肥前唐津が多かったので、唐津の船が陶器を運んだ範囲では陶器のことを唐津と呼び、東日本で通称されている瀬戸物に対抗した。また肥前有田は磁器の産地であったが、その積出港は伊万里であったために磁器は伊万里の名で呼ばれた。唐津から出されたもので最も多かったのは壺であった。肥前甕と呼ばれる大きなものもあったが、二斗から一斗以下の壺が多く、それらは梅干、ラッキョウなどの漬け物を貯えるのに用いる他、ヌカ味噌漬けなどにも用いた。それぞれの家庭で自家消費するためのものであれば容器は小さいものでよかった。そしてそのような漬け物をいれた桶や壺は、土間の隅か、それのみをならべておく漬け物部屋が利用せられた。興味のあることは内海地方から日本海沿岸にかけては陶製の漬け物壺が多く、山間地方へはいっていくと桶が多くなって来る。私は広島県、山口県下の一〇ヵ所あまりで民具の調査をしたことがあるが、山間は桶、海岸は陶器とかなりはっきりわかれ、桶文化、壺文化地帯と二つにわかれる。ただ、広島山中にあっては奥地に入るにつれて壺が多いところがある。これは日本海岸の石見江津地方が甕、壺の大きな産地であるが、そこから職人が来て屋根瓦などを焼くかたわら、甕や壺を焼いたことにあるという。陶器は重いので、本来なら人や牛馬の背で荷を運ばねばならぬ山間地方へは普及しにくかったのである。

醸造物や漬け物を発達させるにはどうしてもその容器が必要で、容器のないところには醸造業も漬け物もあまり発達しなかったようである。私は昭和二十一年に東北地方を二月ほど歩いたことがある。福島県から奥羽山脈、北上山地などと歩いて下北半島にいたり、そこから引きかえして津軽の弘前付近を歩き、秋田、山形と歩いて、米沢から東京へ帰ったのであったが、その間ほとんど民家にとめてもらった。そして経験したことは、太平洋側では漬け物の出ることが少なかったこと。仮に出されても浅漬け程度のもの。今一つ福島から下北までの間に濁酒は一回も出されなかった。作っていないのではないだろうが、少なかったのである。

ところが、津軽に入って最初にとめてもらった浪岡付近の農家で濁酒が出、肴に漬け菜が出た。それ以後米沢までの間のおよそ一ヵ月間に濁酒の出ない日は一日もなかった。と同時にキノコ、ワラビ、ゼンマイ、柿をはじめ実に多くの漬け物を酒の肴として御馳走になった。それだけでなく、日本海側ではほとんど毎日ご飯の折味噌汁が出た。弘前も秋田県の大館も大曲も内陸であるが、それらの土地は岩木川、米代川、雄物川などにそうていて川船がかよい、川口の港から西国、上方の物資が早くから運ばれて来ていたのだと、大曲の西の角間川というところで聞いたことがある。内陸にあっても船の通うところは海を通じて壺や樽の生産地へ結びついていたのである。

このようにして発酵の文化や醸造の技術が伝播していくには、その容器の普及が大きな役割を果していたのである。

## 植物油

調味料として使われるものの中には以上のような発酵物の他に油がある。日本で用いられたものははじめは植物油が多かった。そしてその原料となったものはごまや荏子《えのみ》であった。ごまの油はご飯などを炊くときにも用いた。『和名抄』巻十六に「油飯　楊氏漢語抄にいう、膏味（和名あぶらいい）は麻油にて炊く飯なり。一に玄熟（くろに）ともいう」とある。麻油を用いたとあるのはごまのことではなかったかと思う。ごまはその実をとって煎ってすりつぶし、それを絞ると油がとれるのである。油飯は多分中国から来た食法の一つであったと思わわるが、日本ではそれほど普及を見なかったと思われる。中国では飯に油を加えて炊く方法が今も多くとられている。

飯には油を加えて炊くことは少なかったが、副食物の方は多かった。特に寺院での食事は精進料理で鳥獣肉、魚肉などを用いることがなかったので、調味にごま油と胡桃の実が多く用いられたのである。

植物油の中で中世に最も多く用いられたのは荏子であった。荏という植物はシソに実によく似ている。この植物は野生していることもあれば畑に栽培することもあった。近世に入っては越中・飛騨・美濃・

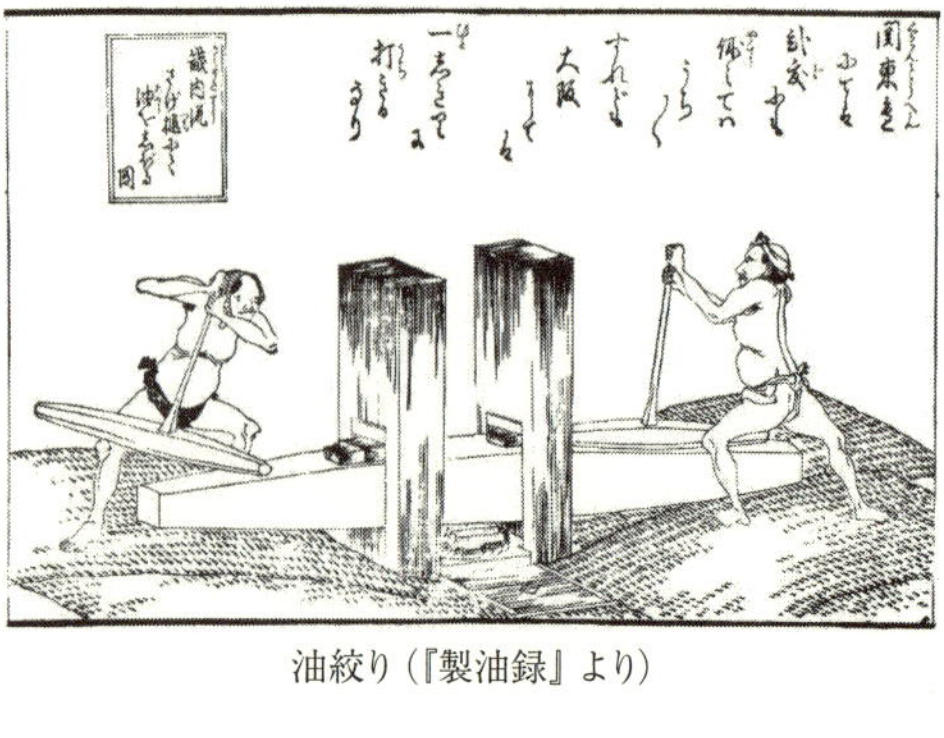

油絞り（『製油録』より）

越前などの山間地方で多く作られた。そしてその実をとって煎って搗きくだき、それを袋に入れて絞ったものである。この油は食用としてだけでなく灯油として多く用いられたのであった。京都と大阪府の堺にある大山崎の離宮八幡の油神人は中世にあってはその名を知られた油行商人であった。そしてこの人たちは飛驒、美濃、近江方面から荏子を買い集めて来て、これを山崎でしぼって油にし、その初めは離宮八幡宮の灯明に用いたのであろうが、後には播磨、備前、四国などに行商している。そのはじめは各地とも灯明料として用いられたもののようであるが、食用にも供した。

しかし中世末までは油の生産量はきわめて少なかった。それは油を持つ植物の少なかったことに原因する。ところが近世に入って油菜が登場する。辛子菜の一種である。作りやすくもあり、収量も多いので、田や畑の裏作に作られた。それが春になると一斉に開花するので実に美しかったものである。大阪平野など一面に黄色な花におおわれたこともあった。これをとって油をしぼり、その油は灯油として使われたが、野菜などを煮るときにこれを加えると味がよくなるので、これを添加したが、同時に豆腐などを煮揚げにするとき、この油を用いた。この油の他、椿やダイズなども油をとるのに用いた。このようにして食用油としても植物油は多く用いられたが、食用だけでなく灯用に用いられたために、当然油そのものは不足した。

## 魚油

そこで魚油や鯨油などが用いられるにいたる。魚油の原料はイワシが多かった。イワシはそのはじめ千葉県九十九里浜地方で多くとれ、それは肥料として用いられ、イワシの漁場は次第にのびていって幕末の頃には下北半島にまで達する。イワシの油も灯油として用いられたし、また食用にも用いられたのである。

ところが江戸中期頃から安房、紀伊、土佐、長門、壱岐、対馬、唐津付近、平戸、五島などで鯨が多くとれはじめる。鯨は皮下に厚い脂肪層がある。その脂肪層をとって煮て油をとることが行われた。やはり灯油として用いることを目的としたのであるが、食用にもなったのである。このようにして動物油も用いられることになったが、牛や豚の油が用いられることはなかった。

## うまく食べる工夫

油の他にカツオの煮汁なども早くから調味料として用いられたものである。カツオの煮汁〔煎汁《いろり》〕はとくに珍重され、『延喜式』によると伊豆から貢進されている。

何がうまいか、どうして食べるとうまいかというようなことは早くからいろいろ工夫されていたのであるが、それはくらしの上に少しゆとりのある人びとの間において見られたことであった。中世以前にあっては公家と呼ばれる朝廷に仕える人たちの間に多かった。そしてそういうものを食べられるのは主人なり、目上の人をもてなす饗応の場が多く、したがって儀式的な食事の場所において、味の工夫された食べ物が食膳に供されたのである。

ところが近世に入って町人層が発達して来ると、この人たちがうまいものを食べる工夫をするにいたる。この人たちはうまいものを見つけることも上手であったし、格式や儀礼にこだわらない食事法も考えた。そのことによって名物と呼ばれるものが各地に作られるようになって来る。「名物にうまいものなし」ということわざもあるけれども、名物と呼ばれるほどのものの中にはうまいものが多かった。しかも名物というのは多くは一品料理であった。

梅若菜　鞠子の宿のとろろ汁　芭蕉〔猿蓑集　巻之五〕

などという句はそうした名物を詠んだものであり、安倍川餅、姥が餅、時雨蛤、金比羅うどんなどとあげていってみると、一品の食べ物がその名を広く各地に知られるほどになっていっているのは、それなりに味の工夫があったということである。

そうした中にあって餅が意外なほど多く名物になっていったのは一つは甘味料の発達があったことを忘れてはならない。

## 甘味料

古代にあっては砂糖はなかった。したがって甘いものを食べる機会は少なかった。甘味料として用いられたのは甘葛《あまずら》であった。甘葛というのは蔓状の植物で木の上に蔓が這い、ブドウに似た葉をつける。四月頃にその茎を折ってみると白い汁が出て甘味がある。五月に花が開く。この茎を春夏の間にとって短く切って煮つめる。それが甘葛煎である。『延喜式』によると甘葛煎を貢進している国々は伊勢、出羽、伊豆、駿河、遠江、越後、越中、能登、加賀、越前、伊賀、紀伊、丹波、丹後、但馬、因幡、出雲、美作、備前、備中、阿波、太宰府である。その貢進量は太宰府の七斗を除いては一斗か二斗程度であったから、わずかのものであった。こういうものを副食物などに添加して味をつけるというようなことはなかったと思われる。

甘葛煎などと共に甘味料として尊ばれたのは蜜とあめであった。蜜は蜂があつめて来たものをとった。あめは麦芽を煮つめて作るのである。共にその量はわずかであったと思われる。

## 砂糖

それでは今日最も多く用いられている砂糖はいつ頃から利用されはじめたかというに、文献にあらわれたところでは最澄の『献物目録』ではないかと思う。最澄は唐に留学して延暦二十年（八〇一）に帰朝した。当時唐では砂糖がつくられていたものと思われる。その後も砂糖は中国から時折もたらされていたが、それはわずかな量であり、しかも甘蔗の栽培は日本では行われなかった。甘蔗の日本への伝来はずっと後のことになる。口碑によると慶長の頃（一五九六〜一六一五）奄美大島焼内間切大和浜方に直川智という人がいて琉球へわたろうとして船を出したが台風にあって、中国の福建省に漂着した。そのあたりでは甘蔗を作っていたので、その栽培方法と製糖の技術を見習い、帰国に際して蔗苗をひそかに持ち帰り、大和浜方西浜原に植えたという。

砂糖は他の甘味料に比してはるかにあまいものであったから商品価値はきわめて高く、その栽培が全島で行われるようになり、薩摩藩は専売制を施行して、農民を甘蔗栽培にかりたてることになるのである。

琉球での甘蔗栽培は奄美大島より古かったが、砂糖製造の始まったのは元和九年（一六二三）頃で、儀間親方真常が、儀間村の人を貢船にのせて福建省にやり技術を修得させて来たのにはじまるという。

そして十九世紀の初め頃までは日本の砂糖の大半は薩摩藩下で生産されており、それが大阪市場にもたらされて販売されていた。したがって砂糖は薩摩藩外ではほんの少数の都市民が利用する機会を持ったにすぎない。

それが薩摩藩以外に次第にひろがって来るのは幕末の頃からであった。薩摩藩が厳重な販売統制を行っていたにもかかわらず、徐々に藩外でも栽培が見られ、肥後天草、日向、紀伊などで作られはじめていた。そして天保十一年（一八四〇）に大阪市場に出荷された砂糖は讃岐、阿波、土佐、和泉、河内、紀伊、駿河、遠江、三河からのもので、その量は一五万挺にのぼった。一挺が二四〇斤入であったから三六〇〇万斤の砂糖が出荷されたことになり、目ざましい勢いで甘蔗の栽培が西日本一帯にひろがっていったのである。しかも薩摩では黒糖しか生産出来なかったのに讃岐では白糖を生産していたのである。

このようにして砂糖の栽培がひろがっていくにつれて、味つけのために砂糖を用いることが普及していったが、砂糖を多く用いたのは菓子や餅のたぐいであった。各地に名物の餅や菓子が出現したのも砂糖の普及によるものであった。しかしそれも都市や街道筋に住む者が砂糖の恩恵にあずかるのみで、農村へ砂糖のゆきわたるのは大正に入ってのことである。

甘蔗はインド地方にあった。それが中国へもたらされたのは唐の大暦年間（七六六〜八〇）西域の僧鄒和尚が四川の遂寧に来て栽培法を教えたといい、また太宗がインドに使者をつかわして製糖法を学ばせたともいう。すると一二〇〇年以前には甘蔗の栽培法や製糖法が中国に伝わっていたわけであるが、それが日本に伝来するまでにはずいぶん長い年数を必要としたことになる。文化の伝来問題について深く考えさせられるものがある。サツマイモ、トウモロコシ、ジャガイモなどの南米原産の作物が日本へ伝来し国内へ普及する速度はずいぶん速かった。しかし砂糖の場合は日本への伝来までに長い歳月を要し、日本へ渡って

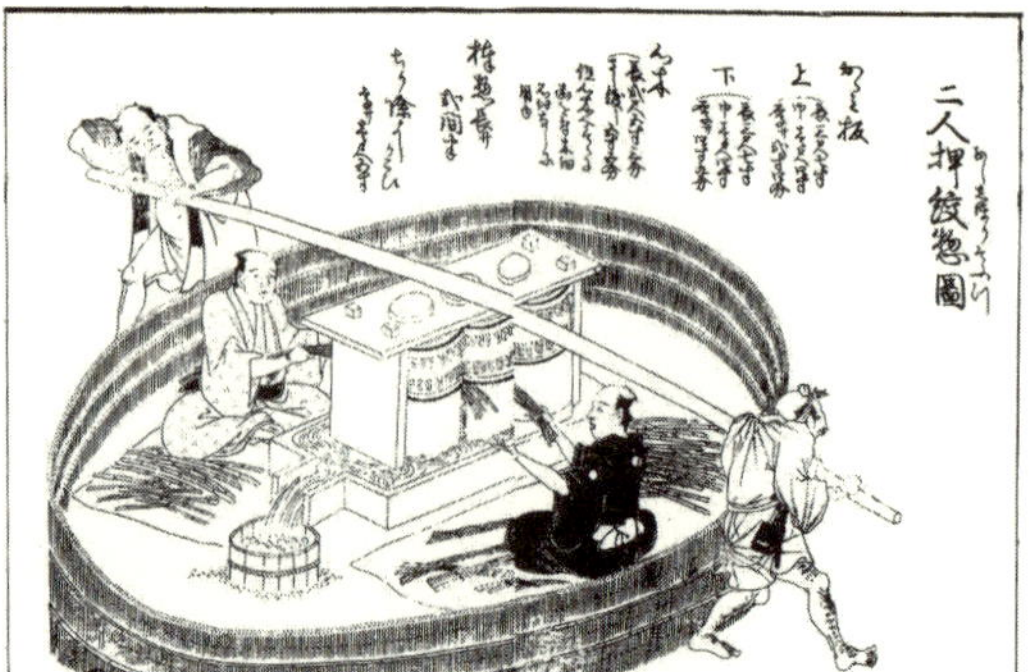


甘蔗絞り（『砂糖製作記』より）

来てからも、それが国内へ普及するまでに多くの歳月を要し、さて普及しはじめると目ざましい勢いで各地に栽培を見た。が、それが民衆一般の口に入るようになるにはまた長い日数を必要とした。

ひもじい思いから抜け出て、腹一ぱい食べ、さらにうまいものを食べる機会を持つまでに、一般の民衆はどれほど長い道を歩かねばならなかったかを反省してみることは、人間として重要な課題の一つではなかろうか。

広い地球上の各地にはまだ腹一ぱい食べることの出来ない人がたくさんいる。その人たちがさらにうまいものを自由に食べることが出来るようになるには長い道程があるのではないかと思う。その道程を出来るだけ縮めていくために、国境をこえて協力しあうことがどんなに大切であるかを、国境、藩境というものがあるということによって普及をはばまれていた過去の歴史を思いうかべてみて痛感するのである。

# V　食器

## 膳椀

肴の数がふえることによって、それを盛る器の数もふえていく。酒宴のときなど今日料理と呼ばれる肴類は多くは皿鉢《さはち》と呼ばれる大きな皿に一品ずつ盛っておき、それから小皿に盛りわけて一人一人の膳にくばる方法と、そのはじめ、坪、平、汁椀、飯碗などを膳の上にのせ、それにすでに盛り分けてあるものを出す場合があり、皿類が多くて膳にのりきらないときは、二の膳にのせて出すことがあった。後者のような膳の出し方は酒を飲むことのほとんどない仏事に多く、前者の方は酒盛を中心にする吉事の宴会に多かった。

食器をのせる膳にも、懸盤、宗和膳、蝶足膳、猫足膳、会席膳などといろいろあり、これらはいずれも客用のものであり、日常用いるものには丸膳、箱膳などがあった。

椀、皿の類は古代にあっては素焼が多かったが、平安時代に入って轆轤を用いて刳《わか》った木器が多く、これに漆をかけて使用した。しかし鎌倉時代から、釉薬をかけて焼いた陶器が茶を飲む場合などに用いられ、これを茶碗といったが、後には椀形の陶器は飯碗でも汁椀でもすべて茶碗と呼ぶようになった。特に近世に入ってからは磁器の食器が生産されはじめると、飯碗の多くは磁器にかわっていったし、皿類も陶磁器が多くなったが、汁椀は漆器が今日もなお多く用いられている。陶磁器の碗や皿がひろく普及していったのは、それが比較的安価に入手できたからであるが、その輸送にあたって、こわれやすいことと、木器に比して重いことから、船の行く範囲へは早く普及を見たけれど、東北地方や山間地方では昭和二十年頃まで木器―漆器の食器が多く用いられた。そこには椀や皿にするのに適した木材が多く、またこれを加工する木地師たちが多数住んでいたためであると思う。

## 水の力

このようにして食事にあたっては一人一人が膳を持ち、またそれぞれ自分のものとしての茶碗と皿などを持ってそれで食事をとるのが昭和の初め頃までの一般の風習であった。そして膳や椀なども洗うことは少なかったのである。これは一つには家庭で用いる水を得にくい場合が多かったためであったかと思う。毎回食器を洗っていたのでは水

二の膳（『精進献立集』より）

の供給に追われることになる。流水などをそのまま台所にひいている家は別で、多くの家は井戸から水を汲み、飲料水の乏しい海岸地方の町では水売りから水を買って炊事にあてていたのである。

それが水道が普及して栓をひねると水が出るようになると、物を洗う習慣が定着し、箱膳の中からいちいち出して洗うわずらわしさから、食後の食器は一緒にして洗い、籠などに入れて乾かし、食事のときにはそれぞれ分けて利用するようになった。そして膳を用いなくなると食卓が登場する。食卓の利用は西欧文化の影響が大きく、食卓とは限らず、テーブルの上で食事する風習はまず学校や軍隊からひろまっていった。学校へは弁当を持っていって机の上で食べた。軍隊でもテーブルの上で食べた。そうした経験が次第に家の中へ持ちこまれていく。一般民衆の生活を大きくかえていったのは軍隊生活であったといっても過言ではなかろう。そしてそれが家庭の日常生活に持ちこまれた。シャツを着、ズボンをはき、靴をはくようになったのも軍隊生活の影響であり、食事も軍隊における作法が家庭へ持ちこまれた。同様に学校教育も大きい影響を与えた。特に寄宿舎生活の経験が家庭へ持ちこまれていっている。

## 弁当箱

さらにまた役所、会社、工場への通勤、学校への通学にともなって弁当箱を持ってゆく生活というものも明治以前にはなかったものである。田畑や山の仕事、あるいは旅をするにあたって弁当を持ってゆくことはあったがそのとき用いられる食器はワッパであり、柳行李であり、竹の皮であり、全くまちまちであったが、会社・役所への通勤になると、よそゆきの気持がはたらいて、漆ぬりの小さい重箱の用いられることが多かったが、大正時代になるとアルミニウムの弁当箱が出現する。そうしてそれはほんのわずかの間に全国に普及していったのである。

弁当の普及がわれわれをして短い旅へ気楽に出かけていく喜びをおしえたといってもよい。今日ではいたるところに食堂も発達しているが、それでいてなお弁当を持って通勤している人は多い。

とくに通勤者の弁当は他人への見栄もあって、多く米飯が用いられ、百姓が田畑へ持っていく弁当とはおのずから差があり、米飯を弁当に持って行けないような子供は昼飯はみな自分の家へ食べにかえったものである。学校給食がはじまって家へ走って帰らねばならぬ子も、昼食ぬきの子も姿を消した。そこにもわれわれが飢えから抜け出し、またうまいものを食べるようになっていった足どりを見ることができる。

（『食生活の構造』——シリーズ食文化の発見2　宮本常一・潮田鉄雄　柴田書店　昭和五十三年三月）

# あとがき

田村善次郎

本書『飢餓からの脱出』には「飢餓からの脱出」と「日本人の食生活」の二本を収録した。

「飢餓からの脱出」は、書きかけのままで残されていた未完の原稿である。原稿は枠外左下に祭魚洞文庫用紙と印刷されているB6版サイズの二〇〇字詰め原稿用紙に書かれており、全部で四九八枚あるが、完成されたものではない。少なくとも、後二〇〇枚くらいは書く予定であったのではないかと思う。各章のタイトル名は書きかけになった二四章以外にはつけられているが、全体の題名はつけられていない。二四章のタイトル「人の移動と国」は編者が付した仮のものである。「飢餓からの脱出」は序章にあたる第一章のタイトルであるが、それが全体の基底となっていると考えられるので表題として借用したものである。

「飢餓からの脱出」の執筆時期は、明確にされてはいないが、一、使用されている参考文献の発行年などから昭和四十三年以降だろうことが推測できる。二、文中に『町のなりたち』や『海に生きる人びと』など、当時先生が未来社から刊行中であった叢書日本民衆史の既刊分を強く意識しているところが何ヶ所もある。三、また、全体を通じて「飢餓からの脱出」という視点から〈生業の展開と分化〉の歴史を宮本流の方法――古文書等の文献史料と永年にわたる広範なフィールドワークによって得た実感のともなう伝承資料を同等のものとして対比することによって歴史を描こうとする試み――が明確に読みとれる。それは叢書日本民衆史に一貫して流れているものである。そのことを念頭に、日記を検索すると、昭和四十三年七月六日の項に「今日から生業の歴史にかゝるはずなのが、たまっていた手紙の返事をかいていて一日くれてしまう」とあり、七月七日（日）「夕方になってすこし生業の歴史をかく。」、七月十三日（土）「生業の歴史についてかく。少し調子が出る。」、七月十四日（日）「生業の歴史についてかく。」とあり、学校（武蔵野美術大学）に行かない土、日曜に生業の歴史を書きはじめていたことがわかる。ただこれも七月二十日（土）に「朝、原稿、生業の歴史。午后学校へゆく。」とあるの最後に昭和四十三年中には生業の歴史に関連した執筆記事は出てこない。ほかの依頼原稿などに追われて時間がとれなかったのであろう。しかし、それで途絶えてしまったのではなく、昭和四十四年になって三月十九日、二十一日、二十三日に「生業の推移」の原稿を書いている。この三日間は大学の春休み期間中であることから、終日、家にいて生業の推移を書いている。タイトルが「生業の歴史」ではなく「生業の推移」と記されており、別物のように見えるが、別物ではなく前年七月に手をつけ、書きかけになっていた「生業の歴史」の続きであることはほぼ間違いない。先生の日記には、書き継いでいく原稿の表題が途中で類似のタイトルになっていることが往々にして見られるのである。そのあと四月二十六日から三十一日まで伊豆大島の別荘に滞在して原稿を書いている。知人が来たり、茂っている雑木の整理などに時間をとられて、それほど能率があがったようではないが、それでも三月三十日の日記には「大島、雨、今日は朝から原稿。じっくりかまえて書くと六〇枚近くかける。一二〇枚になる」とある。ただこれが何の原稿かは記されていないので、推測になってしまうけれども、残された原稿の枚数と執筆時間を勘案すれば「飢餓からの脱出」の原稿の可能性が高い。

ともあれ「飢餓からの脱出」は叢書日本民衆史の第六巻に予定されていた『生業の歴史』に間違いないだろう。昭和四十三年二月に刊行された第五巻『町のなりたち』に引き続いて、執筆にかかったと思われる。宮本先生には、これに先だって『生業の推移』という単著があることは知られている。

『生業の推移』は池田弥三郎、宮本常一、和歌森太郎の責任編集になる『日本の民俗』（全一一巻　河出書房新社　昭和三十九年〜四十年）の第三巻として昭和四十年二月に出版されている。「生業の推移」と「生業の歴史」、タイトルを見ただけでも同系のものだとわかるし、筆者が同じであれば内容も重なりあっても不思議はないのだが、読み比べてみると、『生業の推移』と「飢餓からの脱出」は全く重複するところのないものになっている。日本民衆史は第一期一二巻として発表され、第七巻『甘藷の歴史』が最初に出され、あと第五巻まで順次刊行され、第六巻が欠けたままになっているので、これを何とかして補い、叢書としての形を整えたいということがあって、河出版の『生業の推移』をそのまま『生業の歴史』と改題して平成五年（一九九三）九月に日本民衆史第六巻としたのである。その時はまだ「飢餓からの脱出」の原稿の存在を知らなかったのではあるが、それにしても、『生業の推移』を日本民衆史に編入したのは、編者（田村）の考えの至らなさの故であり、早計であったと深く反省している。『生業の推移』は同じ日本の民俗の第一巻『民俗のふるさと』と対のものとして執筆されたものである。

「飢餓からの脱出」というのはまことにユニークな視点であり、その面から日本人の暮らし、生業の展開と分化を考えようとした本論考は、宮本学の幅広さ、奥深さを窺わせる一編であり、中断のままに終わったのは如何にも残念である。

「日本人の食生活」は潮田鉄雄との共著『食生活の構造』（潮田鉄雄・宮本常一共著　柴田書店　昭和五十三年三月）の第一章として書かれたものである。第二章以下は潮田の執筆である。ちなみに第二章は「畑作の食生活—東京・青梅」、第三章「宿場町の食生活—東京・府中」、第四章「広島県の食生活」であり、潮田が市史、県史の民俗編等で行った食生活部門のまとめである。宮本先生の執筆した「日本人の食生活」は限られた地域の事例である潮田論文の欠を補い、位置づけを明解にする総論として執筆されたものだと思うが、日本人が食物をおいしく食べるために何をどのように工夫してきたかを単に概観するのではなく、「ひもじい思いから抜け出て、腹一ぱい食べ、さらにうまいものを食べる機会を持つまでに、一般の民衆はどれほど長い道を歩かねばならなかったかを反省してみることは、人間として重要な課題」であるという視点をもって執筆されている。この視点は「飢餓からの脱出」に通底するものである。あわせて一本とする所以である。

著者

宮本常一（みやもと・つねいち）

1907年、山口県周防大島生まれ。
大阪府立天王寺師範学校専攻科地理学専攻卒業。
民俗学者。
日本観光文化研究所所長、武蔵野美術大学教授、
日本常民文化研究所理事などを務める。
1981年没。同年勲三等瑞宝章。

著書：「日本人を考える」「忘れられた日本人」

「民具学の提唱」「日本の宿」

「山の道」「川の道」

「庶民の旅」「和泉の国の青春」

「旅の手帖〈村里の風物〉」

「旅の手帖〈ふるさとの栞〉」

「旅の手帖〈庶民の世界〉」

「旅の手帖〈愛しき島々〉」

「忘れえぬ歳月〈東日本編〉」

「忘れえぬ歳月〈西日本編〉」

「歳時習俗事典」など。


## 宮本常一　飢餓からの脱出

2012年 8月10日　初版第1刷発行

著者　宮本常一
編者　田村善次郎
発行者　八坂立人
印刷・製本　シナノ書籍印刷(株)

発行所　(株)八坂書房
〒101-0064　東京都千代田区猿楽町1-4-11
TEL.03-3293-7975　FAX.03-3293-7977
URL.: http://www.yasakashobo.co.jp

ISBN 978-4-89694-998-8


落丁・乱丁はお取り替えいたします。

無断複製・転載を禁ず。

©2012　Tsuneichi Miyamoto

## 聞書 忘れえぬ歳月〈東日本編〉〈西日本編〉

宮本常一著　震災に襲われた日本。未曾有の大惨事といわれているが、各地の古老たちは「大戦」や「関東大震災」を経験し、想像以上の辛苦を重ねて生き延びてきた。今、翁たちの経験は確実に日本復興への手がかりとなる。「聞き書き」はすぐれた過去、今日を築き上げてきた努力—各地方の真の歴史—を埋没させないために、《あるく・みる・きく》を実践した宮本民俗学において、もっとも重要な手法である。

各2000円

## 宮本常一 歳時習俗事典

宮本常一が綴る、民俗学をベースにした四季折々の歳時習俗事典。伝統、思想、宗教、民間土着、庶民の知恵など、いわば「日本文化と日本人を知る事典」。〈新年の風物〉〈春の習俗〉〈夏の習俗〉〈秋の習俗〉〈冬の習俗〉〈日本の習俗〉〈ことわざ考〉〈自然と暦〉など、項目数は二七〇を超える。

2800円

## 旅の手帖〈村里の風物〉〈ふるさとの栞〉〈庶民の世界〉〈愛しき島々〉

宮本常一著　旅の鉄人・宮本常一が歩いて感じた日本の原風景の記録《旅の手帖シリーズ》。宮本が旅で見た風景、想いを追体験する。

各2000円

（価格は本体価格）